글쓰기 부터 바꿔라

첫 키스의 설렘으로 써라

글쓰기부터 바꿔라

설렘과 행복이 가득한 글쓰기의 비밀

기성준 지음

씽크북

첫 키스의 설렘으로 써라

여기 행복하고 설렘이 가득한 글쓰기 비결이 있다

'첫 키스의 설렘'이라는 단어를 보며 야한 소설을 생각하면 안 된다. 이 책은 글쓰기에 관한 책이다. 글쓰기는 마치 첫 키스의 달콤한 기억처럼 행복하고 설렘이 가득해야 한다는 의미다. 글쓰기는 고뇌해야 하거나 고통스러운 것이 절대 아니다.

많은 사람들은 글쓰기에 대한 두려움을 가지고 있다. 그러나 필자의 이력을 보면 글쓰기의 두려움이 사라질 것이다. 필자는 20대 중반 사회복지사로서 평범한 직장인이었다. 평범한 일상에서 우연히 독서모임을 만나게 된다. 그 곳에서 독서를 통해 삶을 돌아보게 되었다. 그리고 독서는 자신의 삶만 돌아보는 것이 아닌 다른 사람들에게 선한 영향력을 전하게 해준다는 것을 깨달았다. 이후 책 읽는 방법을 배우고, 계획적인 책 읽기를 시작하였다. 1년 100권 읽기와 365권 읽기를 완수하였다. 그것도 부족하다는 생각에 도서관에서 치열하게 책을 읽던 중, 하루 10권 이상의 책을 읽는 리딩포인트를 만난다. 그 후 진정한 독서가가 되면서 자연스럽게 글쓰기에 입문하게 되었다.

글쓰기에서 중요한 것은 치열한 독서이다. 독서를 통해서 자연스럽게 글쓰기에 매진하게 되었다. 그 이후 독서법에 대한 책출간과 강연활동, 칼럼연재 등 다양한 활동을 하는 작가가 되었다.

필자는 전문적인 글쓰기 교육보다 독서를 중요하게 생각한다. 글쓰기의 기술을 배우기 위해서 이 책을 선택한 것은 탁월한 선택이다. 어떠한 글쓰기 교육보다 독서가 중요하기 때문이다.

작가가 되면, 혹은 작가가 되려면 독서는 치열해야 한다. 성공하기 위한 위대한 방법은 독서라고 주장한 워렌 버핏의 말처럼, 작가뿐만 아니라 성공하고자 하는 모든 사람들은 치열하게 독서를 해야 한다. 그러나 글쓰기는 다르다. 글쓰기는 치열한 것이 아니다. 글쓰기는 고통스러운 것이 아니라 설레고 행복해야 한다. 그렇다면 행복하고 설렘이 가득한 글쓰기를 하는 비결은 무엇일까?

어느 날 고통스럽게 글을 쓰는 나에게 아내가 말했다

평범한 사람이 책을 출간하고 많은 것이 변화되었다. 필자의 책이 서점에 꽂혀만 있어도 좋겠다는 생각만 했다. 그런데 책이 출간되고 국내 유명 서점에서 주간베스트와 Top100위 안에까지 들었다. 책에 대한 호응이 좋았다는 것은 강연요청을 통해서 알 수 있었다.

필자는 부산에 거주하고 있음에도 불구하고 전국에서 강연요청이 들어왔다. 전국의 중·고등학교부터 대학교, 도서관, 군부대, 여러 기관에서 강연요청이 왔다. 필자도 전국으로 다니는 것을 신기해하며 책의 호응을 실감하였다.

작가가 되면서 글을 쓰는 일이 더 많아졌다. 출간해야 할 원고에, 요청받은 칼럼에, 심지어 강연 원고까지.

평범한 직장인이 작가가 되었기에 글쓰기에는 사실 어려움이 있었다. 마감일이 되면 모든 힘을 다 끌어 모아 집필에 매진했다. 그토록 원했던 작가라는 직업을 가졌는데, 마감일만 되면 세상 모든 짐과 고민거리, 스트레스를 다 만났다.

마감 날에 쫓겨 가며 쓰고 있는 필자의 모습을 보며, 어느 날 아내가 말했다.

"여보, 그렇게 고통스러우면 안 해도 돼요."

나는 행복한 작가가 되기로 하였다

아내의 말은 글쓰기라는 과제에 찌들어 굳어가고 있던 필자의 머리를 깨트렸다. 그리고 고통스럽게 글을 쓰는 걸 중단하고, 지난날을 돌아보았다.

처음 출간한 책은 20대에 집필한 책으로 결혼을 하기 전에 계약이 되었다. 탈고와 출간과정이 조금 지체되면서 결혼을 한 뒤 책이 나왔다. 한 권의 책이 나오고 본격적으로 작가활동으로 전향하

글쓰기부터 바꿔라

고자 다니던 직장을 그만두겠다는 말에 아내는 흔쾌히 허락하였다. 모아둔 돈도 없으면서 남편이 직장을 그만두는 것에 동의하는 것은 굉장히 어려운 일이었다. 아내는 남편이 하고 싶어 하는 일을 지원해주기 위해서 작가의 삶을 살도록 허락해 준 것이다.

그런데 정작 많은 글을 쓰게 되면서 고통스럽게 글을 쓰는 남편의 모습이 안타까웠던 모양이다. 어려운 형편에서 작가의 삶을 허락해 주었는데, 남편이 행복하게 글을 쓰는 모습이 아닌 고통스럽게 글을 쓰는 모습에 실망을 한 것이다.

첫 책의 출간계획서를 가지고 출판사에 요청했을 때, 몇몇 출판사에서 긍정적인 반응을 받았다. 좋은 출판사와 인연이 되어 계약서를 받았을 때, 평생 기억 중 가장 행복한 순간을 만끽하였다. 지금도 내 인생에서 가장 행복한 순간은 계약서를 받은 순간이었다. 그 순간을 지속적으로 만끽하고자 내 서재에 처음 받았던 계약서를 자랑스럽게 붙여두었다. 이를 기억하며 행복한 글쓰기에 대한 생각에 빠졌다.

과연 행복하고 설렘 가득한 글쓰기가 있을까?
작가를 환상적인 직업으로 생각하던 시절이 있었다. 그런데 막상 작가가 되니 고통스럽기 짝이 없다. 취미적 글쓰기가 의무적 글쓰기로 바뀌고, 자유로운 원고투고가 기한 내 원고마감으로 쫓기는 삶이 되었다. 누군가에게는 배부른 소리일지도 모르지만, 작가의 삶을 살기로 한 사람에게 이러한 고통은 치명적일 수밖에 없다.

이런 상황 속에서 독서모임에서 글쓰기교육을 요청받고 글쓰기학교를 시작하였다. 글쓰기학교를 개설하기 전에는 글쓰기를 가르친다는 것에 대한 자신감이 부족했었다. 물론, 글쓰기가 아닌 독서에 관해서는 누구보다 자신감이 넘쳤다. 100권 읽기와 365권 읽기를 넘어, 하루 10권 이상의 책도 읽어봤으며, 현재도 한주 20권 이상의 책을 읽기 때문이다. 그러나 글쓰기를 누군가에게 가르쳐준다는 것은 솔직히 두려웠다.

필자가 자신이 없는 이유는 전문적으로 글쓰기를 배운 것이 아니기 때문이다. 또 누군가에게 글쓰는 법을 가르칠만한 자신감이 없었기 때문이다. 아내가 걱정할 정도로 글쓰기가 고통스럽기 짝이 없었기 때문이었다.

시간이 갈수록 독서모임이 점점 커지기 시작했고, 여러 프로그램을 개발하는 중에 글쓰기 교육도 독서의 연장이라는 생각이 들었다.

우연찮게 시작한 글쓰기교육에서 굉장한 일들이 펼쳐지기 시작했다. 단순한 글쓰기 모임에서 삶의 치유가 일어나기 시작했다. 전문적인 글쓰기는 아니었지만, 회원들이 소소하고 행복한 일들을 쓰기 시작하였고, 그 일들을 현실에서 만나기 시작했다.

참여자들이 전문적인 글보다 더 뛰어난 글들을 쓰기 시작했다. 분명 글쓰기 수업이었는데, 사람들의 아픔이 치유되고, 더 나아가 사람들의 꿈이 생겨나기 시작하였다. 이것을 통해 느낀 것은 글쓰기는 삶의 치유와 행복을 넘어 자신의 꿈을 만나게 해준다는 것이다.

글쓰기는 삶의 치유와 행복을 넘어 꿈을 만나게 해준다

하루 A4 10장을 쓰는 비결이 무엇인지 아는가? 간단하다.

1. A4 10장을 준비한다.

2. 펜을 들어 쓴다.

이 두가지가 전부이다.

그 외에 책에서 소개되는 것은 독자들이 글을 꾸준하고도 창의적으로 쓸 수 있게 하는 다양한 방법들이다.

이 책은 전문가들이 쓴 글쓰기의 기술 관련 책보다, 또 많은 책을 출간하여 오히려 글쓰기의 문턱을 높게 설정한 작가들의 책보다 더 쉽게 느껴진 것이다. 불과 1년 전만해도 필자 역시 평범한 독자였기 때문이다. 독자에서 작가가 되면서 다양하게 경험한 것들과 그 속에서 얻은 깨달음이 담겨 있다.

처음 책을 출간하고 글쓰기 교육을 진행하면서 깨닫게 된 것이 있다. 전문가만이 글을 쓰는 것이 아니다. 또한 많은 지식을 알아야 글을 잘 쓰는 것이 아니며, 성공해야 글을 쓰는 것도 아니다.

누구나 글을 쓸 수 있으며, 언제든 글을 쓸 수 있다. 모든 사람들이 글쓰기를 통해 새로운 꿈을 가질 수 있으며, 글쓰기를 통해 삶의 치유와 행복의 길로 갈 수 있다.

글쓰기의 오케스트라 연주가 열렸다

필자는 글쓰기를 오케스트라 연주로 비유하고 싶다. 오케스트라를 위해서 현악기부터 금관악기, 목관악기, 타악기 등이 한데 모여 연주한다. 오케스트라 연주처럼 삶에서 만나는 행복과 기쁨, 슬픔, 아픔 등 수많은 경험들이 글쓰기의 도구가 된다. 글쓰기에서는 현란한 악기가 아닌, 삶 속 재료만으로도 연주의 무대를 만들 수 있다.

글을 쓰는 사람은 지휘자가 되어 수많은 경험 재료들을 통해 글쓰기라는 오케스트라 연주를 지휘하는 것이다.

'글쓰기부터 바꿔라: 첫 키스의 설렘으로 써라'는 기성준 작가의 오케스트라이다. 이 오케스트라를 통해 당신도 행복하고 설렘이 가득한 글쓰기 마에스트로가 되길 바란다. 이 책에는 분명 당신을 행복하고 설렘 가득하게 만드는 글쓰기의 비밀이 숨겨져 있을 것이다. 이 책을 읽은 모든 분들이 행복한 글쓰기를 연주하는 지휘자가 되길 기대해 본다.

글 쓰 기 는
신이 허락한
최고의 선물

글쓰기는 신이 허락한
최고의 선물이다

글쓰기는 신이 허락한 최고의 선물이다

구약성경의 창세기에는 바벨탑에 관한 이야기가 나온다. 당시 인간들이 한 민족이었으며, 하나의 언어를 사용하는 시기였다. 스스로를 드러내고, 높이고자 거대한 탑을 쌓아 하늘에 닿으려고 했다. 그들의 오만한 행동에 하나님은 언어를 혼잡하게 하여 서로의 말을 알아듣지 못하게 하는 저주를 내린다. 서로의 언어를 알아듣지 못한 그들은 혼란함 속에 탑을 쌓는 일을 멈추고, 각자의 길로 흩어진다. 결국 바벨탑 건설은 혼돈 속에 막을 내린다. 탑을 세우고자 했던 인간들은 언어가 나누어지는 저주를 받고, 서로의 불신과 오해 속에 전 세계로 흩어지게 되었다. 이 사건을 통해 많은 민족이 각각 다른 언어를 쓰고 있다.

　여기서 한 가지 살펴볼 것은 기록의 역사다. 비록 언어가 나누어지는 저주를 받았지만, 이 사건을 역사적으로 기록하는 것은 허락받았다. 만약에 기록하는 것도 저주를 받았으면 이러한 사실이 전해져 내려오지 않았을 것이다. 이 이야기들이 모두 성경에 기록 되고 전 세계적인 언어로 번역되어 전파된다. 언어가 나누어지는 저주를 받았지만, 기록하는 것과 전파되는 것은 신께서 허락을 한 것이다.

공자의 사상이 기록된 논어를 살펴봐도 극적이다. 공자가 살았던 춘추시대, '전국시대'라는 혼란을 겪다가 221년 진나라에 의해 최초로 통일이 된다. 황제인 진시황은 늙지 않고 영원히 살기를 꿈꾸었다. 그래서 불로장생이라는 약초를 사람들이 찾기 시작하였다. 유학자들은 연금술사의 약초가 사기성이 짙은 행동이라고 비난했고, 자신이 속았다는 것에 화가 난 진시황은 '분서갱유'를 일으켰다. 법가 사상을 제외한 모든 책을 불사르고, 이를 어기는 자와 유교경전을 읽고 의논하는 자 등은 모두 극형에 처했다. 불로장생을 하게 해 주겠다고 했던 사람들을 잡아들여 법을 어겼다는 이유로 웅덩이를 파고 460명을 생매장시켰다. 분서갱유 사건 때문에 논어는 감추어야할 금서가 되었다. 이 사건이 터지자 공자의 후손들은 공자가 살았던 집의 담벼락에 논어를 숨겼다. 당시에는 대나무나 나무쪽을 엮어 만든 죽간에 글을 썼기 때문에 담벼락에 숨길 수가 있었다. 그 이후, 진나라가 망하고, 한나라가 세워진 후 공자의 옛집을 수리하던 중 논어가 쏟아져 나왔다.

책이 불타고, 사람들이 생매장 당하는 극적인 상황에서도 논어를 보존하고자 한 후손들 덕분에 동양 최고의 인문학서인 논어를 만날 수가 있게 되었다.

사마천의 사기 역시 기록의 선물이다. 사마천은 42세 때 사기를 집필하기 시작한다. 기원전 99년, 사마천이 47세가 되자 이릉이라는 장군이 흉노와 전쟁하다 투항하는 사건이 일어난다. 한무제의 앞에서 사마천은 이릉을 변호하는데, 그 문제로 한무제는 사마천을 옥에 가둔다. 1년 뒤 사마천에게 사형 아니면 궁형이라는 두 가지 선택권이 주어진다. 궁형은 남성의 생식기를 자르는 형벌로, 대부분 사형을 택했다

사마천은 사기를 써야했기 때문에 궁형을 택한다. 궁형을 통해서 온갖 치욕을 받으며, 평생 남자구실을 못하는 생활을 하게 된다. 그 뒤 55세가 되는 해, 집필 13년 만에 동양 최고의 역사서인 사기를 완성한다. 사기 역시도 논어와 마찬가지로 죽간에 썼으며, 130권 넘는 분량이었다. 엄청난 양의 역작을 만들어 낸 것이다.

아버지의 유언을 따라 글을 쓰게 되었지만, 사마천의 글쓰기는 치욕과 죽음을 넘을 수 있는 자신에게 허락한 선물이라고 생각하지 않았을까.

그리스의 철학자인 소크라테스도 비극적인 것은 마찬가지이다. 소크라테스는 거리의 사람들에게 질문을 던지며 철학적 대화를 하였다. 질문을 던지는 방식의 대화로 스스로를 깨닫게 하였고, 이것을 소크라테스의 문답법이라고 부른다. 그를 추종하는 젊은이

글쓰기부터 바꿔라

들이 늘어나자 소크라테스의 영향력이 확대되었으며, 결국 불경
죄로 고발되어 사형을 선고받았다. 소크라테스는 삶은 비극으로
끝났지만, 플라톤을 통해 그의 말이 살아나고, 지금까지도 전해
져 내려온다.

이와 같이 동ㆍ서양, 역사를 막론하고 글은 신이 허락한 최고
의 선물이다. 글은 언어와 시대, 사상, 종교, 심지어 어떠한 비극
도 넘어선다. 앞서 소개한 예화 속 당시의 사람들은 저주와 비극
을 만났지만, 지금 이 시대는 그들의 유산을 마음껏 누릴 수 있는
축복을 받고 있다. 이것이 바로 글쓰기에 입문하는 자에게 허락
된 선물이라는 증표라고 할 수 있다.

필자는 독서에 관한 서적으로 〈독서법부터 바꿔라〉를 집필하
였다. 독서에 대해서는 고통과 치열함이 있어야 한다. 그렇지만
글쓰기는 다르다. 글쓰기는 행복해야 한다. 앞서 소개한 글쓰기
가 신이 허락한 선물이라는 말처럼 우리는 자신에게 허락한 글쓰
기를 통해 행복해져야 한다.

글쓰기의 세계로, 항해를 떠나자!

이제, 당신을 신이 허락한 최고의 선물인 글쓰기의 세계로 안내할
것이다. 성경을 통해서 우리의 언어가 나누어지는 저주를 받았다
고 했지만, 글쓰기는 허락받았다. 우리는 논어와 같이 금서를 쓰는

것도 아니며, 사마천과 같이 궁형을 받을 것도 아니다. 또한, 소크라테스처럼 비극을 맞이하는 것도 아니다. 오히려 역사를 통해서 우리는 더욱 간절하게 행복한 글쓰기에 입문할 수 있다.

> "앞으로 20년 후에는 당신이 했던 일들보다
> 하지 않았던 일들을 더 후회할 것이다.
> 그러니 배를 묶어둔 밧줄을 풀어라.
> 안전한 항구를 떠나라. 무역풍을 타고 항해하라.
> 탐험하라. 꿈꾸라. 발전하라."
>
> 마크 트웨인〈다산선생 지식경영법〉, 정민마크 트웨인

마크 트웨인의 비유를 옮기면서 쓰지 않은 것을 더 후회할 것이라고 말하고 싶다. 필자는 글쓰기에 관한 모든 것을 안다고 생각하지 않는다. 서문에서 소개했듯이, 글쓰기에 대해서 교육한다는 것과 글쓰기에 관한 책을 쓴다는 것이 오히려 두려웠다. 그래서 이 책을 통해서 '어떻게 잘 쓸 것인가'가 아닌, '어떻게 행복하게 쓸 것인가'를 전하고 싶다. 필자가 엄청난 행복과 설렘을 가득 담아 글을 집필하고 있기 때문이다. 글쓰기라는 선물을 허락받았고, 또한 책을 통해서 독자와 만남이라는 선물을 받았기 때문이다. 이것이 가장 행복한 선택일 것이다.

이제, 행복과 설렘이 가득한 글쓰기의 세계로 안내할 것이다.

글쓰기부터 바꿔라

이 책은 글쓰기를 가르치는 전문적인 교육서가 아닌, 독자와 함께 떠나는 글쓰기 여행서가 될 것이다. 이 책을 통해 행복한 글쓰기를 체험할 독자를 기대해 본다. 자, 글쓰기를 향한 여행을 시작해보자. 기존의 글쓰기 영역에서 닻을 올리고, 행복하고 설렘이 가득한 글쓰기의 세계로 마음껏 항해할 당신의 모습을 기대한다.

글쓰기의 두려움을
극복하기

글쓰기 수업을 진행해보면

글쓰기 수업을 진행해보면, 많은 사람들이 글쓰기를 두려워 한다는 사실을 알 수 있다. 필자도 서문에서 말했듯이, 누군가에게 글쓰기를 가르친다는 것에 두려움이 있었다. 물론, '언젠가 글쓰기 관련 책을 써야지'라는 생각은 분명히 있었는데, 두 번째 책이 될 줄은 꿈에도 몰랐다.

대다수 사람들이 두려운 것 중에 하나는 자신의 글에 대한 다른 사람들의 평가다. 자신이 쓴 글이 다른 사람들에게 어떻게 평가를 받을 것인가에 대해서 그렇게 희망적이지 않아서 두려움에 빠지는 것이다.

창조적인 작가 베르나르 베르베르는 "내가 독특한 작품들을 쓸 수 있었던 이유는 사람들의 무관심이나 평가를 두려워하지 않았기 때문이다."라고 하였다. 사람들의 평가를 의식하면 아무것도 쓸 수 없다. 그 두려움을 벗어나야 무슨 글이든 쓸 수 있는 것이다.

한 때, 니체의 〈차라투스트라는 이렇게 말했다〉에 흠뻑 빠진 적이 있다. 도서관에서 책을 읽다보면, 마치 어린아이가 놀이터에서 소리치며, 뛰어다니는 기분이 들었다. 좀 더 알고 싶어서 니체가 살았던 시기의 시대적인 배경을 연구한 적이 있다.

〈차라투스트라는 이렇게 말했다〉는 현시대에서 가장 잘 읽히는 철학 책 중에 하나이지만, 당시에는 인정받지 못한 서적이다.

니체는 사랑하는 여인과 헤어지고, 심적으로 불안한 시기에 우울증과 불면증에 시달리면서 시점에 책을 집필하였다. 어려운 시간을 이겨내고 1883년 〈차라투스트라는 이렇게 말했다〉가 세상 속에 나온다. 집필하는데 4~5년이 걸렸고 본인의 자비로 출판하였지만, 책은 거의 팔리지 않았다. 4~5년 동안 고생한 작품이 세상에서 저평가를 받으면 얼마나 실망하겠는가.

니체는 그런 평가를 전부 무시하였다. 오히려 본인 스스로가 〈차라투스트라는 이렇게 말했다〉는 독보적인 작품임을 자부했다. "나는 인류가 지금까지 받은 그 어떤 선물보다 가장 큰 선물을 주었다. 수천 년간 퍼져 나갈 목소리를 지닌 이 책은 현존하는 최고의 책이며, 진정 높은 공기의 책, 즉 무지와 탐욕으로 오염된 대중들의 책이 아닌 높은 수준의 책이다"라고 하였다. 실제로 니체가 죽고 100년이 지난 현시대에 이 책은 철학계는 물론 여러 분야에서 중요한 의미를 가지고 있다.

필자는 첫 책인 〈독서법부터 바꿔라〉가 출간되기 전, 여러 가지 두려움에 직면하였다. 작가가 되기 전에는 독서모임에 참여하는 평범한 사람이었다. 독서모임을 통해서 많은 독서량을 갖게 되고, 여러 작가와 대면하면서 글쓰기에 입문하게 되었다. 독서에 관해 집필한 책은 출판사 5군데에서 긍정적인 반응이 왔었다. 심지어 첫 책이 20대에 계약되었다는 사실에 자신감이 넘쳐 올랐다. 좋은 조건에 계약을 끝내고, 탈고와 함께 출간을 기다리고 있었다.

그런데 책이 막상 세상에 나오려고 하는 시점에 두려움이 생겼다. 과연 이 책이 사람들에게 어떻게 전해질까라는 생각이 가득했다. 그와 동시에 여러 가지 이유로 출판시기가 늦어지자 조급해진 것이다.

> "두려움을 정면으로 대면할 때마다 당신은 힘과 용기,
> 자신감을 얻게 된다.
> 스스로에게 '난 이 두려움을 이겨냈어.
> 그러니까 또 다른 두려움이 와도 이겨낼 수 있어'
> 라고 말할 수 있다. 당신은 할 수 없다고
> 생각하는 일을 해야만 한다."
>
> 엘리너 루스벨트

출판이 늦어지는 현실을 보는 것이 아닌, 책 속의 진정성을 생각하

글쓰기부터 바꿔라

였다. 필자는 진정성을 가지고 쓴 책이라고 자부하였다. 그 진정성의 결과는 당연히 책을 읽은 사람들이 평가할 것이라고 생각했다.

결과적으로 좋은 평가를 받았다는 생각이 든다. 책이 출간되고, 많은 사람들의 연락을 받았다. 감사의 인사부터, 독서에 대한 질문들과 심지어 자신의 고민 상담까지 다양한 메일을 받았다. 그러면서 두려움을 극복할 수 있었다. 물론 필자가 좋은 책을 썼다는 오만한 생각이 아니다. 부족함이 많은 글이지만, 이 책을 통해서 누군가가 위로를 받고, 용기를 가졌다는 사실을 깨달은 것이다. 이 사례를 통해서 독자들에게 전하고 싶은 것은, 당신의 글이 누군가에게 위로가 될 수도 있다는 것이다. 그렇기에 그 위로의 글을 빨리 써달라고 권하고 싶다.

두려움을 극복하라!

두려움에서 자유로울 수 있는 2가지 방법이 있다.

첫 번째로, 좋은 글에 집착할 필요가 없다는 것이다. 필자는 글쓰기학교에서 습작이 대작이 된다는 사실을 늘 강조한다. 좋은 글은 간단한 필기나 일상적인 메모부터 시작된다는 것이다. SNS나 블로그에 올린 일상적인 글이 대작이 되는 경우가 있다.

"계속 쓰는 것으로 성공한 작가가 되리라고는

글쓰기는 신이 허락한 최고의 선물

장담할 순 없지만 글을 아예 쓰지 않으면 성공한 작가가
될 수 없다는 건 100% 장담할 수 있습니다."

프레드릭 배크만

칼럼니스트 프레드릭 배크만 작가는 블로그에서 연재를 시작하였다. 많은 사람들에게 호응을 받은 글을 책으로 출간하였는데, 스웨덴에서만 70만부가 팔렸다. 이 책이 바로 전세계 베스트셀러가 된 〈오베라는 남자〉라는 작품이다. 그는 칼럼니스트를 하며 기사를 짧게 쓰라는 말이 싫어 소설을 쓰게 되었다. 좋은 글을 쓰기보다 단순히 길게 쓰기 시작한 글이 대작이 된 것이다.

두 번째로, 두려움을 직면하는 것이다. 두려움을 극복하고 완전한 자유를 얻기 위해서는 안전지대와 결별해야 한다. 필자는 신혼임에도 불구하고, 다니던 직장을 그만두고 작가가 되기로 하였다. 글을 쓰는 것마저 그만둔다면 진퇴양난이 되는 셈이었다. 더군다나 다시 조직사회에 들어간다는 것은 끔찍하였다. 물론 현재 조직을 이끌고 있지만 말이다. 매번 그 두려움과 직면하면서, 하루 30분 이상씩 글쓰기에 매진하고 있다. 글쓰기에 대해서만큼은 두려움에서 자유로운 사람이 되었다.

다른 사람이 어떻게 생각할지 걱정할 필요가 전혀 없다. 좋은 글에 집착할 필요없이 두려움과 직면하라. 두려움을 극복하고, 이제 글쓰기에서 자유롭길 바란다.

글쓰기부터 바꿔라

어떻게 행복하게 쓰는가?

글쓰기는 삶의 진정성을 담는 것이다

글쓰기 수업을 모집하면 대학생부터 직장인들까지 다양한 사람들이 모인다. 수업을 위해 서로 소개하는 시간을 가지면, 낯선 사람들과 서먹하기 짝이 없다. 당연히 처음 보는 사람들이 낯설고, 자신의 이야기를 감출 수밖에 없다. 글쓰기 수업은 보통 3개월 이상의 수업이 진행되는데, 이 기간 동안 그룹이 서로 친해지고, 끈끈한 우정을 나누는 사이가 된다. 딱 이 시점부터 사람들의 글이 달라진다. 가족과 같은 분위기가 되었을 때, 수업 이상의 이야기가 시작된다. 물론 글쓰기 수업을 통해 공부한 기술이 생긴 것도 있지만, 진정성의 힘이 더 크다고 생각한다. 자신의 가면을 벗고, 마음을 열어 자유로운 글을 쓰기 시작할 때 글의 진솔함이 달라진다.

필자는 수강생들의 진솔함을 담고 싶어 글쓰기 수업을 단순히 1~2회 특강으로 진행하지 않고, 몇 개월에 걸쳐서 진행한다. 진솔한 삶이 글이 되어야 하는데, 그러지 못하면 제대로 된 글을 쓰기가 어렵다. 그저 폼 나는 글을 위해 거짓된 글을 쓰면, 그 글로 능력자 칭호를 받는 사람이 되겠지만 언젠가는 반드시 무너질 것이다.

무너지지 않는 글을 위해서는 글 속에 자신의 삶이 들어가야 한다. 어떻게 잘 쓸 것인가를 고민할 필요가 없다. 자신의 삶이 글쓰기다. 이것이 명답이다. 글만 잘 쓰겠다는 것이 중요한 것이 아니다. 아무리 글을 잘 써도 삶이 바르지 못하면 누군가에게 실망감을 안겨주는 글이 될 뿐이다.

다산 정약용은 두 아들에게 "독서는 무엇보다 바탕을 세워야 한다."라고 하였다. 독서보다 먼저 인간이 되라는 이야기다. 이것은 글쓰기에도 해당이 된다. 독서든, 글쓰기든 인간이 되지 않는다면 아무 짝에도 쓸모가 없다. 삶이 바탕이 되어야 올바른 독서와 글쓰기를 할 수 있다.

> 수레가 물건을 실어 나른다면, 문장은 도를 실어 나른다. 수레의 화려한 장식이나 문장의 화려한 수식은 물건이나 도를 운반하는 데 별 도움이 안 된다. 뿌리가 든든해야 양분을 끌어올려 잎을 틔우고 꽃을 피운다. 뿌리가 도덕이라면, 문장은 그것이 겉으로 드러난 꽃에 불과하다. 꽃이 아름답지만 아름다움의 근원은 뿌리에서 왔다.

글쓰기부터 바꿔라

이것을 잊으면 안 되는데, 사람들은 거름을 주어 뿌리의
힘을 돋을 생각은 않고, 꽃만 피우겠다고 난리다.

〈다산선생 지식경영법〉, 정민

〈다산선생 지식경영법〉에서 양덕인 변지의를 준말에 빗대어 나
온 글이다. 아름다움의 근원은 뿌리, 즉 삶이라는 것을 잊어서는
안 된다. 문장의 화려함은 전혀 도움이 되지 않는다. 그것은 물건
을 나르는 수레의 장식 따위일 뿐이다. 화려한 꽃이 피기 전 진실
된 삶이라는 뿌리가 먼저이다. 진실된 삶이 뿌리가 되어야 화려한
글을 피울 수 있다.

"My life is my message." 내 삶이 곧 나의 메시지다

인도 마하트마 간디의 기념관, 간디의 초상화 옆에는 "My life is
My message."라는 글귀가 적혀있다. '내 삶이 곧 나의 메시지
다.'라는 말처럼 글을 쓰고자하는 이들은 삶이 메시지임을 명심
해야 한다. '어떻게 행복하게 쓰는가'는 '어떻게 행복하게 사는가'
로 초점을 잡아야 한다.

글에서 전하고자 하는 것은 반드시 삶 속에 숨어있다. 글쓰기는 우
리 삶 속에 숨어있는 메시지를 찾아 떠나는 여행이다.

일상의 모든 것이 소재가 된다. 눈을 뜨고 처음 만나게 되는 새

벽공기부터, 따뜻한 차, 햇살, 아침 식사 등 가까이 있는 것들로부터 글쓰기를 시작할 수 있다. 거짓을 담을 필요가 없다. 그저 자신의 생각을 써 내려가면 되는 것이다.

생각 또한 마찬가지다. 삶을 살다보면 흥미로운 생각을 만난다. 필자는 흥미로운 생각이 떠오르면 하던 일을 중단하고 메모장을 써내려 간다. 꼭 운전을 할 때 영감이 많이 떠오른다. 하필 글을 쓰지 못하는 시기에 영감이 떠오르기 마련이다. 이럴 때 떠오른 영감은 쓰지 않으면 놓치기 쉽다. 그러다 생각해낸 방법이 녹음기로 녹음하는 방법이다. 운전을 할 때 글쓰기의 소재가 떠오르면 녹음기를 꺼내 말하기 시작한다. 실컷 말하면, 글쓰기보다 오히려 시원하다. 물론 저녁에 서재에 가서 녹음파일을 들으며 글을 쓰기 시작한다.

흥미로운 글귀도 글쓰기의 소재이다. 필자는 독서를 하다가 흥미를 돋워주는 글귀를 만나면, 당장 책 읽기를 중단하고 메모장을 써내려 간다. 혹은 글이 안 써질 때는 시집을 꺼낸다. 시집을 읽다가 감성을 자극하는 구절을 만나면 서재로 달려가 글을 집필하기 시작한다. 글쓰기는 삶 속에서 흥미로운 글귀를 찾아서 떠나는 여행인 것이다.

> "내가 쓴 시는 실제 생활에서 보고 느낀 것을 담아낸 것이다."
>
> 괴테

글쓰기부터 바꿔라

글의 소재는 삶 속에서 찾을 수 있다. 어떻게 쓸 것인가를 고민할 필요가 없다. 이 세상에 진정성을 이길 그 무엇도 없을 것이다. 글은 삶을 뽐내는 도구가 절대 아니다. 자신 안에 있는 진실된 메시지를 글을 통해 전하는 것이다. 글은 진성성의 통로가 되는 것이다. 글은 자연스럽게 삶의 행복으로 연결된다. 글을 쓰기 전 올바른 삶을 살아가자.

"나는 마치 그물처럼 온종일 마음을 펼쳐둔다.
내가 쓰고 있는 책에 딱 맞는 것들이 걸려들 수 있도록"

데이비드 에버쇼프

행복한 글쓰기를 위해서는 악전고투, 즉 필사적으로 휘젓는 삶을 살아가야 한다.

글쓰기는 진정성에서 출발한다. 자신의 삶에 진정성이 있어야 진정한 자유로운 글쓰기가 가능하다. 창의력 또한 진정성에서 시작되는 것이다. 진정한 삶에서 시작된 글쓰기는 풍부한 소재거리가 넘쳐난다.

글쓰기는 호수 위 백조의 우아함이다. 모든 이들의 글은 마치 호수 위 백조처럼 우아하다. 하지만 백조의 물갈퀴가 끊임없이 휘젓는 것처럼, 우아한 글쓰기를 위해 악전고투, 즉 필사적으로 휘젓

글쓰기는 신이 허락한 최고의 선물

는 삶을 살아가야 한다. 그것이 진정한 글쓰기며, 행복한 글쓰기이다. 이런 글을 위해서 끊임없는 독서와 필사, 글쓰기를 해야 한다. 필자는 여기서 끝나지 않고, 늘 봉사와 나눔을 통한 진정한 삶의 물갈퀴를 휘젓고 있다. 이 글을 읽는 모두가 진정한 글쓰기를 위한 삶을 살기를 기대해 본다.

일주일 동안
행복한 글쓰기 시작!

책 속에는 글쓰기의 다양한 방법들을 소개하고 있다. 다양한 캉법들은 독자들이 창조적인 글을 쓸 수 있도록 도울 것이다. 특별히 각 파트가 끝날 때마다 요일별 키워드 글쓰기 과제가 있다.

글쓰기와 독서는 한 세계에서 빠져나와 다른 세계의 생소함과 신기하고 멋진 것들에서 위안을 찾는 일입니다.
저는 아버지 역시, 후에 제가 나이 들며 그랬던 것처럼, 당신의 삶에서 탈출하여 서양으로 도망치기 위해 소설을 읽었다고
느꼈습니다. 혹은 그 당시 저에게 책은 일종의 문화적 결핍감을 해소하기 위한 존재로 여겨졌습니다. 단지 독서뿐만 아니라 글쓰기를 통해서도 이스탄불에서의 삶에서 벗어나 서양으로

여행할 수 있었습니다.(2006년 수상자 오르한 파묵)

〈노벨문학상 수상연설집〉, 오르한 파묵 외 노벨문학상 수상 작가 10인

일주일 동안 제시된 글쓰기 키워드는, 현실 세계를 넘어 상상의 세계로 안내한다. 제시된 키워드 외에 예시는 최대한 넣지 않으려고 하였다. 예시가 오히려 독자들의 상상을 방해할 것 같다는 생각이 들었다. 제시된 요일별 키워드를 통해 일주일간 행복한 글쓰기를 시작해보자.

1. Monday 키워드 '시작'

월요일은 '시작'하는 요일이다. 새로운 마음가짐을 가지고 무엇이든 시작할 수 있다. 시작하는 것에는 큰 힘이 있다. 육상선수의 스타트, 수영선수의 다이빙 등 시작하는 것에는 힘이 있다. 한 주를 시작하는 월요일에 '시작'이라는 키워드를 가지고 글을 써보자. '나는 연애를 시작했다.', '나는 사업을 시작했다.' 등 자신이 시작하고 싶은 것을 무엇이든 써보는 것이다.

2. Tuesday 키워드 '시선'

화요일은 '시선'을 바꿔보는 요일이다. 동물이나 사물의 시선으로 세상을 바라보자. '내가 만약 길고양이라면……', '내가 만약 인형이라면……'이라는 글로 시작해 보는 것이다. 시선이 바뀌면 세상이 다르게 보인다. 글쓰기가 어렵다면, 시선을 바꿔보는 것도

좋은 방법이다.

3. Wednesday 키워드 '선물'

수요일에는 필자가 독자들에게 '선물'을 하나씩 주는 날이다. 필자가 준비한 선물은 아주 큰 상자에 담겨져 있다. 여기 안에는 무엇이 있을까? 한 번 상상해보라. '내가 받은 선물 상자에 무엇이 있을까?'로 시작하는 것이다.

4. Thursday 키워드 '극단적인 상황'

목요일에는 '극단적인 상황'을 상상해보자. 물속에 애완견과 아내가 빠졌다. 어떻게 할 것인가?, 만약에 당신이 무인도에 떨어졌다면 어떻게 할 것인가? 등 자신이 생각할 수 있는 극단적인 상황을 만들어보자. 극단적인 상황이 생겨서 일어나는 이야기를 써보는 것이다.

5. Friday 키워드 '새로운 세계'

금요일에는 밤새워 상상해보며 글을 써보는 '불금'이다. '새로운 세계'를 상상하면 밤을 지새우며 글을 쓸 수 있다. '인류 최초로 안드로메다에 도착했다. 그곳에는 무엇이 있을까?'라는 상상을 시작해보자. 김병만의 〈정글의 법칙〉에서 만난 정글의 세계를 TV가 아닌 상상으로 직접 가보는 것이다. 우리의 상상은 어떤 세계로든 우리를 안내해준다.

6. Saturday 키워드 '시대의 영웅'

토요일은 '시대의 영웅'으로 살아보자. 과거의 이순신 장군이 될

글쓰기는 신이 허락한 최고의 선물

수도 있고, 미국의 오바마 대통령이 될 수도 있다. 마땅한 영웅들이 떠오르지 않는다면, 소설 삼국지를 한 번 읽어보자. 유비를 시작으로, 관우, 장비, 제갈량 등 수많은 영웅들이 당신을 기다리고 있다.

7. Sunday 키워드 '미래'

일요일은 미래를 상상하는 시간이다. 10년 뒤, 나는 과연 어떤 모습을 하고 있을까? 필자는 10년 전만 하더라도 작가가 되어 있을 줄을 상상도 못했다. 심지어 1년 전에도 두 번째 책을 집필하고 있을 줄 몰랐다. 1년 뒤도 예측을 못하는 우리들이지만, 상상은 마음껏 할 수 있다. 일요일에는 자신의 미래에 대해서 마음껏 상상하는 시간을 가져보라.

무엇보다도 글쓰기를 즐겨라!

새로운 시각으로 보는 것을 언제든 꺼리지 말라.

인내심을 가져라. 긍정적으로 생각하라. 실제든 상상이든 남의 의견에 휘둘리지 말라. 책이 나오는 것을 두려워하지 말라. '실력 향상'에만 목매거나 현재 내 실력이 모자라지 않을까 걱정하지 말라. 많이 읽어라. 많이 써라.

그러나 무엇보다도, 앞에서 이야기했지만,

글 쓰는 것을 즐겨라. 자유롭고 즐겁게 사는 자세가 글
에 에너지를 불어넣어주고 그 에너지가 글을 맛깔나게
만든다.
더불어 글쓰기도 재미있어진다. 재미가 없으면 글을 왜
쓰겠는가. 글쓰기를 즐기다보면 자기 자신과 다른 사람
들에게서 새로운 면을 발견할 수 있을 것이다.

〈맛있는 글쓰기의 길잡이〉, 잭 헤프론

　새로운 시각으로, 즐기면서 글을 쓰는 것이 최고다. 그렇게 쓰
는 글쓰기가 맛깔나는 글쓰기로 만들어줄 것이고, 맛깔나는 삶으
로 만들어줄 것이다.

글쓰기는 신이 허락한 최고의 선물

치유적 글쓰기를
시작하라

막다른 골목을 만났을 때

글쓰기 수업을 듣는 사람 중, 막상 어떤 글을 써야할지 모르겠다는 사람들이 있다. 마치 글을 쓰려고 펜이라는 운전대를 잡고, 시동을 걸어 노트를 펼쳐 주행을 하려고 하는데, 막다른 벽을 만난다. 노트에 도대체 무슨 글을 써야할지 모른다.

필자는 이런 사람들을 데리고 일상으로 돌아간다. 자신의 일상이 소재가 되는 것을 모르고 있다. 책에서 만나는 수많은 작가들의 인생은 특별해 보이는데, 자신의 인생은 하염없이 평범하다. 자신은 해리포터나 반지의 제왕 같은 특별한 이야기가 떠오르지 않는다. 그래서 펜을 움직이기가 쉽지 않다.

필자는 이런 사람들에게 벽을 뚫고 전진하는 훈련을 한다. 자신에게는 지극히 평범한 일상이지만, 누군가에게는 특별한 삶이 된다. 자신은 분명 찌들어진 삶을 살고 있지만, 그 글이 누군가의 흥미를 가져다준다.

　매번 반복되는 아침의 출근길은 누군가에게 도전이 될 수 있고, 지루한 점심시간은 누군가에게 희망이 될 수 있다. 짜증나는 퇴근길 운전 중에 들은 라디오는 사람들에게 기대감을 가져다준다. 집으로 돌아와서 가족들과 나누는 이야기도 마찬가지다. 다음 글은 행복한 글쓰기 수업에 참여한 회원의 글이다.

　어젠 둘째 놈이 사고를 쳤더랬다. 오후 세 시쯤 변기가 깨져서 물이 새고 있다는 전화를 해 와서 마침 급한 일이 없었던 터라 택시를 타고 집으로 갔더니 양변기 물탱크가 깨져서 물이 새는 걸 고무줄로 묶어서 물은 막아뒀는데, 나 참 어이 없는 게 자기가 보니까 이렇게 하면 될 것 같아서 아이디어를 냈고 형이 처치를 해서 물은 안나온다는 거다. 지가 도대체 무슨 짓을 했는지는 신경도 안쓰고 좋은 아이디어를 냈다니……
　도대체 왜 그랬냐니까 변기 속이 어떻게 생겼는지 궁금해서 뚜껑을 열었다가 보고 다시 닫으면서 살짝 떨어뜨렸는데 깨지더라는 것. 아니 그게 갑자기 왜 궁금한건데, 아 왜~~
　집 근처 업체들 두어 군데에 알아보니 물탱크만 따로 구할 순 없다고 멀쩡한 변기까지 통째로 교체해야 된다며

최저가 17만원을 제안했다(다 도둑님들이시다). 우여곡절 끝에 위생도기 대리점에 물탱크만 따로 판다는 정보를 찾아서 3만5천원으로 해결했다. 13만5천원을 번 셈이니 어찌 행복하지 않으리. 폭발할 뻔 했던 마누라도 입가에 미소가 살짝 내려앉았다.

아직 어려서 체력소모가 덜해서 그런지 셋째는 제 형들에 비해 밥먹는 양이나 속도면에서 좀 떨어지는 편인데다 자세도 안좋아서 저녁식사 시간엔 늘 잔소리를 듣는 편이다. 이틀 전엔 제딴엔 제법 아플 만큼 알밤을 한 대 놓았더랬다.

삐죽거리는 표정으로 "이제부터 아빠 미어할끄야~" 제 엄마가 "거짓말~" 그랬더니 "으쯔케 아라찌?" 한다. 밥이 코로 들어가는지 입으로 들어가는지 알게 뭐람……

그래서 셋째는 자꾸 버릇이 없어진다. 어디가서 셋째가 버릇이 없거든 그러려니 하시면 되겠다. 손 안대고 코푼다는 셋째 되시겠다.

난 5~6년쯤 전에 힘든 시기를 지나왔다. 고단했던 몇 년의 시간이 날 더 단련시켰는지는 모르겠지만 요즘의 소소한 행복이 더 없이 크게 느껴지는 건 내 삶에 우연히 다시 찾아온 '읽기'로 시작된 것임은 틀림이 없다. 우연을 가장한 필연일지도 모르겠지만 이 글을 읽고 있는

여러분을 알게 된 것도 앞으로 더 많이 알아가게 될 것
도 내겐 더할 나위 없는 행복임을 알아주길 바란다.

〈행복한 글쓰기 수업〉 정효평님의 글

변기 속이 궁금한 아들 녀석이 양변기를 깼단다. 기가 막힌 이야기지 않는가?

변기 속이 궁금한 아들 녀석이 양변기를 깼단다. 분명, 자신에게는 짜증나고 불편한 일상이지만, 누군가에게는 흥미넘치는 이야기이지 않는가? 또 일상의 글쓰기는 자신의 생각을 정리할 수 있는 기회를 제공한다. 글쓰기를 통해 생각을 정리하고 삶을 치유하는 것이다.

이제 매일 일상을 쓰기 시작하라. 펜을 잡고, 글쓰기의 막다른 길을 뚫고 전진해야 한다. 그저 평범한 일상이 누군가에겐 특별한 삶이 될 수 있다. 매일 쓰는 글이 누군가에게 용기를 가져다준다. 누군가에겐 희망이 되고 누군가는 그 글을 통해서 치유를 받는다.

글쓰기는 자신을 다듬는 행위이다. 말과 글은 차이가 있다. 말은 한 번 엎질러지면 수정이 불가능하다. 마치 성난 불처럼 엄청난 소문으로 번지기도 한다. 반대로 글은 언제나 수정이 가능하다. 자신의 생각을 다듬고, 다듬어서 정리할 수 있다. 글쓰기를 통해서 자신의 생각을 다듬는 자유를 체험해야 한다. 글에는 거짓을

담을 필요가 없다. 글의 세계는 자유다. 마치 태초의 에덴동산에서 순수하고 꾸밈없는 아담처럼 글쓰기는 자신만의 창조적 세계인 것이다.

글쓰기는 내면의 상처를 치유한다. 자신의 아픔을 마음껏 글로 표현할 수 있고, 가지고 싶은 어떠한 것도, 글로 욕구를 채울 수 있다. 때론 글쓰기를 통해 현실을 넘어 상상의 세계를 탐험할 수 있다. 내면의 언어를 쓰다보면 자신의 내면의 상처가 치유되는 것을 볼 수 있다.

> "나는 글을 쓰는 사람이다. 쓰고 싶은 내용이
> 머릿속에 가득 넘쳐흐른다. 내가 쓴 글을 누군가 읽게
> 된다면 그 사람들도 나로 인해 힘을 얻고 삶의 용기를
> 되찾게 된다.
> 기쁘다. 행복하다. 나의 기분은 최고다."
>
> 〈내가 글을 쓰는 이유〉, 이은대

〈내가 글을 쓰는 이유〉를 집필한 이은대 작가는 대기업 출신에서 사업 실패 후 감옥까지 가게 되었다. 감옥에서 시작한 글쓰기, 막노동꾼이 되어서도 멈추지 않았던 글쓰기는 작가로서의 인생을 살게 만들어주었다. 저자는 글쓰기를 통해서 자신의 삶을 치유하고, 자신이 처한 상황을 극복하였다. 책 속에서는 비록 출간

은 되지 않았지만, 자신이 집필한 소설과 에세이를 소개한다. 책 속에는 짤막하게 소개만 되었지만, 언젠가 그 글이 세상에 나오지 않을까라는 기대감이 들었다. 더 나아가 스티브 킹처럼 다양한 분야의 글을 써내는 작가가 되고, 감옥의 경험이 한국판 쇼생크 탈출을 만들어 낼 것이라는 꿈을 생각하고, 나누게 되었다. 이것이 글쓰기의 힘이다.

필자는 책을 출간하고 많은 사람들에게 메일을 받았다. 책에 대한 감사의 인사부터 여러 고민상담까지, 다양한 내용의 메일이 온다. 분명 '독서'라는 주제였는데, 어떤 사람은 글을 통해 위로와 치유를 받았다는 메일이 왔다. 여기서 깨달은 것은 글쓰기는 삶의 통로라는 것이다. 글은 쓰는 이와 읽는 이를 이어준다. 어떤 주제든 상관없이 삶을 연결시켜 준다. 필자보다 좋은 스펙을 가진 분들도 많이 온다. 감사하면서도 걱정스럽다. 그들보다 올바른 삶을 살고 있는지 뒤돌아본다. 이러한 모든 내용들을 솔직하게 고백한다. 고민상담을 위해 찾아오는 사람들보다 낮은 스펙과 처지에 대해서 철저히 고백한다. 또 어떤 분은 우연히 필자의 블로그 글을 읽고, 위로를 받아 지난 날 기록들을 다 읽었다고 한다. 글을 보면서 내가 지난 날 잘못 쓴 것이 없나 라는 생각과 함께, 나의 일상이 누군가에게 힘이 된다는 것을 깨달았다. 그래서 매일 글을 쓴다. 언젠가 고민과 상담에 대한 글을 모아서 책으로 집필하여 세상 사람들에게 위로를 전하고 싶다.

Monday 키워드 '시작'

월요일은 무엇인가 일을 '시작'하는 날입니다. '시작'의 주제로 글을 써보세요.

월요일은 무엇인가 일을 '시작'하는 날입니다. '시작'의 주제로 글을 써보세요.

첫 문장에
키 스 하 라

글쓰기의 마중물,
첫 문장에 키스하라

글쓰기는 첫 문장이 중요하다. 첫 문장은 글을 쓰는 이가 처음 쓰는 글이자, 보는 이가 처음 읽는 글이다. 작가들에게는 글쓰기의 세계로 가는 통로가 될 것이고, 독자들에게는 독서의 세계로 가는 통로가 된다. 첫 문장을 통해서 글쓰기의 세계가 달라질 수 있다. 쓰는 이도, 보는 이도 의도와 전혀 다른 세계로 빠져들게 할 수 있는 것이다.

살아있는 글쓰기 저자 존R.트림블은 "좋은 글은 첫 페이지만 봐도 안다."라고 말한다. 첫 문장은 작가와 독자가 처음 만나게 되는 통로로, 마치 소개팅에서 만나는 상대의 첫 인상과 같다. 소개팅에서 상대방의 첫 인상이 머릿속 기억에서 내리박히듯이, 첫 문장의 기억은 읽는 이로 하여금 머릿속에서 계속 따라다니게 한다.

글쓰기부터 바꿔라

첫 문장을 쉽게 생각해서는 안 된다

강가에서 조약돌을 힘껏 물에 던졌을 때, 순식간에 물위를 튕겨져 날아가는 조약돌처럼, 첫 문장이 연쇄적으로 글쓰기를 일으켜줄 수 있다.

첫 문장을 글쓰기의 마중물이라고 생각해보자. 펌프질을 통해 식수를 올리던 시절, 주인이 손님을 마중 나가듯이 펌프질을 하기 전 붓는 물을 마중물이라고 하였다. 마중물은 물을 올리는 것을 방해하는 공기를 제거해주듯이, 첫 문장은 글을 쓰는데 잡다한 생각을 없애준다. 시작의 힘이 있기에 첫 문장을 쓰는 힘을 길러야 한다.

> "저술가는 자신의 글에 몰입해야 한다.
> 결코 언저리를 맴돌 수 없다.
> 작품에 모든 것을 걸어야 한다. 작품은 그의 삶의 자세
> 전체에 대한 시험대다.
> 최고의 작품은 실패의 벼랑 끝까지 스스로를
> 몰고 가야만 탄생한다."
>
> 아서 밀러

글을 쓰기 전, 스타트를 준비하고 있는 육상선수를 생각해보자. 세계신기록을 보유하고 있는 우사인 볼트가 떠오를 것이다. 양 발

을 스타트 도구인 스타트블록에 댄다. 두 손은 양 어깨 사이 너비보다 조금 넓게 하여 출발선 바로 뒤쪽을 짚고, 뒷다리의 무릎을 굽혀 상체를 약간 앞으로 기울여 자세를 고정시킨다. 심판의 '차렷'이라는 신호와 함께 엉덩이가 어깨보다 약간 높은 자세가 되게 한다. 그리고는 신호총 소리와 함께 언제라도 재빨리 나갈 수 있게 기다린다. 시작의 힘은 여기에 있다. 신호총 소리와 동시에 출발한다. 볼트의 스타트처럼 첫 문장에 집중하는 것이다. 또는 수영선수들의 다이빙과 같이, 먹잇감을 잡기 위해 달리기 직전의 표범처럼, 글쓰기의 첫 문장에 초점을 맞춰야 한다.

학교와 직장에서 글쓰기로 고통받고 있는가? 글쓰기의
고통에서 벗어나 논리적인 글을 좀 더 쉽게 쓰고 싶은가?
나아가 즐거운 글쓰기를 하고 싶은가?
그렇다면 지금까지 글을 써오던 방식을 거꾸로 해보라.
구상이나 자료조사에 앞서 잠정적 결론과 그 이유를 한
문장으로 만들어 가장 먼저, 가장 앞에 써라!

〈결론부터 써라〉, 유세환

유세환 작가는 좋은 글을 위해서 결론부터 쓰라고 전한다. 글쓰기에 관한 책에서 많은 이들이 프리라이팅을 하라고 주장하는데, 여기서 프리라이팅은 자신이 무슨 글을 쓰려는지 몰라도 무조건

글쓰기부터 바꿔라

글을 쓰라고 주장한다. 이 주장은 필자도 동의하는데, 가상의 결론을 쓰고, 그 글을 뒷받침할 만한 글을 쓰다 보면 스케치가 구체화되듯 결론이 구체화 된다.

책을 읽다가 감동이 되는 글귀가 첫 문장이 될 수 있다. 분야를 막론하고 소설이나 시를 읽으면서 마음에 드는 문장이 글쓰기의 시작점이 될 수 있다. 필자의 경우 지하철이나 대중교통의 광고 문구를 글쓰기의 첫 문장으로 시작한다.

이렇게 시작하게 된 첫 문장이 하나의 글로 이어진다. 시작의 문장이 넝쿨째 뽑혀 나오는 고구마처럼 한 단락이 되고, 한 쪽이 되고, 책 한 권이 된다. 이 책도, '여보, 그렇게 고통스러우면 안 해도 돼.'라는 아내의 말을 통해 시작되었다.

마치 비행기가 이륙할 때, 최대출력을 뿜어내는 엔진처럼 첫 문장에 모든 에너지를 쏟아 넣어야 한다. 첫 문장을 통해 당신의 글이 이륙이 되고 글쓰기가 순항이 될 수 있다. 전쟁터에서 한 지점을 사수하기 위해 달리는 장병처럼, 첫 문장을 쓰는 기술이 필요하다. 첫 문장의 훈련이 필요하다.

미국의 여류소설가 에드나 퍼버는 "글쓰기는 도랑 파기와 등산과 런닝머신과 아기 출산을 합친 것이다."라고 말하였다.

에드나 퍼버의 말처럼 글쓰기는 고통스러운 것이지만, 훈련을 통해서 고통을 줄일 수 있다. 누구나 몸의 건강을 위해서 헬스장에서 런닝머신을 쓰듯이, 첫 문장을 쓰는 훈련이 필요하다. 필자는

'라이팅런닝'이라고 붙여봤다. 5분 동안 런닝머신을 달리듯, 시간 제한 내에 첫 문장만 써내는 것이다.

가상의 생각도 올바르지 않으면 쓰질 못할 것이다. 머릿속에 있는 생각은 글이 아니다. 그것을 확실하게 표현하고 글로 쓸 수 있어야 좋은 글이 된다. 그러기 위해서 자신이 쓰고자하는 핵심을 먼저 작성해보라. 핵심을 파악하는 글이 좋은 글이다. 글을 쓰는 사람은 독자들이 핵심을 파악할 수 있도록 글을 써야 한다. 수차례 읽어도 핵심이 파악되지 않는 글은 좋은 글이 아니며, 독자들도 나쁜 글임을 알겠지만, 쓰는 이들도 알 것이다. 자신이 쓴 글이 도대체 무슨 말을 하는 것인지, 자신이 원하는 방향으로 가는 것인지 아니면 안드로메다로 가는 것인지 알 것이다. 자신이 쓰는 글이 안드로메다로 가지 않도록 하려면 첫 문장에 결론부터 써야 한다. 그것이 추상적 결론이라 하더라도, 본인이 쓰고자하는 길을 찾아줄 것이다. 자신이 쓰고자하는 글에 방향성을 잃지 않기 위해서 첫 문장을 확실히 사수하라.

습작은 '쓰레기작'이다

행복한 글쓰기학교를 개설하기 전에 습작의 학교를 먼저 진행하였다. 습작의 학교는 글쓰기의 입문과정으로 서양에서 흔히 말하는 '프리라이팅'의 개념을 교육하였다. 습작의 학교와 행복한 글쓰기학교를 준비하면서 '글쓰기'라는 주제의 책들을 많이 읽었다. 글쓰기 주제의 책들을 보면 이전에 집필하였던 독서법 주제와 상반된 부분이 있었다.

독서법의 책들을 살펴보면서 필자는 서양에서 말하는 독서법보다는 동양에서 말하는 독서법에 더 흥미를 느꼈다. 독서법에 있어서 집중과 몰입에 관해서는 동양적 세계관이 마음에 들었던 것이다. 앞서 출간한 책은 동양적 세계관에 많은 영감을 받아 집필한 책이다.

이와 다르게 글쓰기에서는 서양적 세계관에 많은 영감을 받았다. 동양에서의 글쓰기는 고통스럽고 한계를 뛰어넘는 것이다. 필자가 직접 실험도 해보았지만 그렇게 쉽지 않았다. 그런 고통스러운 글쓰기를 통해서 얻는 결과물이 '부의 가치'였다. 한 마디로 부자가 되는 것이었다. 수많은 작가들이 있지만, 부자가 된 작가들은 그리 많지 않다는 걸 기억할 필요가 있다.

서양에서는 이와 다르게, 글쓰기 자체가 행복하고 자유로운 행위라고 말한다. 자신의 삶을 치유하고, 자신의 삶을 정리하는 중심을 잡아주는 글쓰기였다. 그래서 그들은 부자가 된다고 말하지 않는다. 돈을 못 벌어도, 그 이상의 가치에 대해서 설명한다.

서양의 책들을 살펴보면 대부분 '프리라이팅'이라는 개념을 제시한다.

이 훈련의 열쇠는 아무런 기대도 하지 않는 것이다.
무엇을 쓰든 상관없다. 훈련의 요점은 연습 자체에 있지 즉각적인 결과에 있지 않다. 규칙적으로 꾸준히 훈련하면 여러분의 창조적 기능이 강화될 것이다. 역도를 했을 때 근육이 강화되는 것과 마찬가지다.

〈하버드 글쓰기 강의〉, 바버라 베이그

우선, 쓰레기작을 써라!

사람들은 글쓰기에 있어서 많은 것을 기대한다. 아무래도 독자들이 본 것은 책이고, 책이라는 것은 작가들이 오랜 시간 걸쳐서 쓴 작품으로 출판사에서 검열을 받아 시장에 나온 책이기에 작품성이 있는 것이다. 작품성이 있는 글들만 보다가, 자신들이 직접 쓰면 실망스럽기 마련이다.

필자는 습작을 '쓰레기작'이라고 표현한다. 물론 본인의 글을 스스로가 표현하는 것이다. 그 누구도 다른 사람의 글에 '쓰레기작'이라고 표현할 수 없다.

마치 무릎만큼 오는 수영장의 물이 깊을까봐 두려워하는 아이들에게 수영장에 먼저 들어가는 아빠의 마음이다. 먼저 들어가서 자신의 무릎까지 얕은 수영장을 먼저 보여주는 것처럼 글쓰기에 입문하면서 두려움에 빠진 이들에게 '글쓰기는 쉬운 거야.'라고 외치는 것이다. 글을 쓰고 마음에 들지 않으면 구겨서 쓰레기통에 던지면 되고, 찢어버려도 된다. 중요한 것은 습작이든, 쓰레기작이든 글을 써야한다는 것이다.

오늘 당신은 어떤 일을 만났는가?

'오늘 당신은 어떤 일을 만났는가?' 이것이 글의 시작이다. 더부분 글쓰기에 대한 어려움을 가지고 있는 사람들이 자신의 일상을 모른다. 자신의 삶을 정리해야 글을 쓸 수가 있다. 자신의 삶을 놓치지 말라. 글쓰기는 삶이 중심이 되어 펼쳐가는 세계이다.

나탈리 골드버그는 "바로 이거야! 이제 어떻게 글을 써야 하는지 알아. 난 내 목소리를 믿어. 나는 위대한 소설을 쓰고 말 거야! 라는 생각은 하지 말라."라고 강조한다.

첫째, 어디로 가는지 모르는 상태로 일단 출발한 다음
앞으로 나아가면서 더욱더 길을 잃어버릴 것.
둘째, 멈추지 않고 쓰기와 멈춰서 초점 발견하기 두 가
지를 갈마들면서 할 것. 당연한 말이지만
멈추지 않고 쓰기가 잘 흘러가는데도 굳이 멈춰서
초점을 찾을 필요는 없다.

〈힘있는 글쓰기〉, 피터엘보

어떤 것을 쓰고 싶은지 생각하지 말고, 우선 글을 써라. 글을 쓰다가 보면 자신이 쓰고 싶은 글들이 떠오른다. 독서교육을 진행하다보면 사람들은 책을 이해하지 않고 넘어가는 것을 힘들어 한다. 필자는 반복독서를 중요시하는데, 이는 글을 읽으며 이해하지 않아도 또 읽을 수 있기에 쉽게 넘어갈 수 있다. 그래서 한 권의 책을 지속적으로 반복해서 읽는 것을 강조한다. 필자는 50독 이상을 한 책이 있다. 반복해서 읽다보면 책의 핵심이 보인다.

책을 이해하지 못해서 정독을 하면 오히려 시간이 지체되고 잡다한 생각이 방해하기 시작한다. 이것은 글쓰기에도 해당이 된

글쓰기부터 바꿔라

다. 고민한다는 것이 오히려 머릿속의 잡다한 생각들을 불러일으
킨다. 그 생각들이 글을 쓰는 것을 방해한다. 생각을 버리고 글을
써야 한다. 그렇게 생각을 버리게 하는 것이 습작, 쓰레기작인 것
이다.

습작은 일종의 준비운동이다

운동을 즐기는 사람일수록, 준비운동을 중요시 여긴다. 규칙적인
훈련은 성장을 하게 한다. 훈련 자체의 부담감을 없애주고, 자유로
운 글쓰기가 가능하게 된다. 글쓰기의 목표치를 너무 높게 잡지 마
라. 한 줄만 써보자. 프리라이팅의 목적도 글쓰기를 쉽게 할 스 있
도록 하는 것이다. 한 줄 쓰기를 통해 재미를 느끼고, 글쓰기에 매
진하면서 어느새 글쓰기를 사랑하게 된다. 시작이 어렵지, 글을 쓰
는 순간 포기하고 싶은 마음은 금세 잊혀진다. 오히려 글을 완성하
고는 다시 또 쓰고 싶다는 생각에 빠져든다.

　이왕이면 이 책을 보면서 메모장을 펴고 글을 써라. 책을 읽다
가 떠오르는 생각이 있다면 그대로 적어 내려가라. 글쓰기에 더 집
중이 된다면 책을 덮고 글쓰기에 매진하라. 이 책은 끝까지 읽지
않아도 된다. 글쓰기는 끝까지 도전해보라. 책을 읽다가 동기부여
가 되어 글쓰기에 매진한다는 소리를 들으면 필자는 책을 끝까지
읽었다는 것보다 더 뿌듯할 것이라 생각이 든다.

혹시, 이 책을 보면서 불만이 느껴지면, 책을 덮고 이 책의 불만에 대해서 써라. 책을 읽으며 느껴지는 감정에 대해서 일단 적다보면 글쓰기 세계로 빠져들 것이다.

필자가 쓴 글에 불만이 생겼다면 정중하게 사과를 드려야 되지만, 불만으로 글쓰기를 하게 되었다면 필자는 성공한 것이다.

프리라이팅의 법칙이 있다

1. 손을 계속 움직여야 한다. 방금 쓴 글을 읽기 위해 멈출 필요 없다.
2. 편집할 필요도 없다.
3. 문법을 무시하라.
4. 생각을 통제하지 마라.
5. '이렇게 써도 되는 건가?'라는 생각이 들면 진정한 습작의 학교에 입학한 것이다.

모든 시작은 위험하다.
글쓰기의 시작도 마찬가지……

위대한 일은 위대한 결심에서부터 시작된다. 글쓰기의 시작은 위대한 결심이다. 니체는 "모든 것의 시작은 위험하다. 그러나 무엇을 막론하고, 시작하지 않으면 아무것도 시작되지 않는다."라고 전한다. 옛날부터 전해져오는 말 중에 사나이가 칼을 뽑았으면 무라도 썰어야지라는 말처럼 무엇인가 시작을 해야 무라도 썰 수 있다.

무언가가 되고자 한다면 반드시 무언가를 행해야 합니다.
그것이 우리가 이 세상에 보내진 이유입니다. 살아있는
존재라면 누구든 무한한 가능성을 가지고 있으며, 세상
이 주는 무한한 열매를 받을 자격이 있습니다.

〈핑〉, 스튜어트 에이버리골드

많은 사람들이 글을 잘 쓰고 싶다고는 하지만, 막상 글을 쓰는 사람들은 소수에 불과하다. 글을 쓴다는 것은 노트를 꺼내 펜을 들고 노트에 무언가를 쓰는 것이다. 그런데 막상 펜을 들고 글을 쓰려고 할 때, 수많은 두려움이 글을 쓰는 이의 생각을 뒤덮는다. 자신의 글이 사람들에게 놀림감이 되지 않을까, 쓰지 않는 것이 차라리 좋지 않을까 라는 부정적인 생각들이 계속 들기 시작한다.

글쓰기는 90퍼센트의 생각과 10퍼센트의 잉크로 이루어진다. 그러니 일단 쓰는 게 중요하다. 무턱대고 쓰기부터 시작하란 이야기가 아니다. 무엇에 대해 누구에게 쓸 것인가에 대해 생각을 정리하되 마냥 그 생각을 끌어안고 있지 말고 일단 쓰기 시작하라는 것이다. 그러면 꾸려놓은 생각더미가 술술 풀려 잘 쓰게 된다. 글쓰기란 참으로 신비한 작업이다. 일단 쓰기 시작하면 써놓은 한 줄이 다음 한 줄을 이끈다. 생각이 글을 이끄는 것이 아니라 글이 생각을 이끈다는 것을 비로소 알게 된다. 커뮤니케이션이 능수능란한 사람은 먼저 생각하고, 생각한 것을 일단 표현하는 습관을 들인 결과다. 그러니 잘 생각하려면 일단 써라. 쓰면서 생각하라.

〈읽고 생각하고 쓰다〉, 송숙희

펜을 들 때의 두려움은 시작에 불과하다. 초고나 기획안을 출판사에 넘길 때도 자신의 글에 대한 강한 확신감과 함께 불안감이 안개처럼 피어오른다. 심지어 책이 계약이 되었을 때도 불안하다. 이 불안감은 탈고 후에도 지속되며, 책이 출간되어도 불안하다. 이것은 작가가 되어서도 똑같다. 책 한 권을 출간하고, 다음 책을 쓸 때도 불안감은 계속 된다.

글쓰기를 통해 거짓의 가면을 벗어라

심리학자 융은 의식적인 영역을 두 개의 구조로 나누었다. 하나는 개인이 정체성과 연속성을 느낄 수 있는 자아이고, 다른 하나는 '세상을 향한 얼굴'을 뜻하는 페르소나라는 개념이다. 여기서 페르소나를 쉽게 말하면 세상을 향한 가면을 뜻하는데, 실제 자아와 다른 사람들에게 보이는 모습이 다른 것이다.

두려움의 가장 큰 원인은 글과 자신의 삶이 다르다는 것이다. 두려움을 극복하고, 위대한 결심을 실천하기 위해서는 거짓된 가면을 벗어야 한다. 융이 말한 세상을 향한 가면을 벗어던지고, 자신의 진실된 삶을 쓰는 것이다. 글과 삶이 다른 사람들은 두려움에 빠지고 만다. 그들은 자신의 삶이 아닌 자신이 원하는 이상적인 삶을 쓴다. 이것은 삶 자체를 무너뜨리고 만다. 물론, 글 속에 자신의 삶이 자연스럽게 담기는 것은 당연하다. 그러기 위해서 글을 쓰는 사람은 올바른 삶을 살아야 한다. 글과 삶을 분리하면 안 된다.

책을 집필한 수많은 작가들도 두려움에 빠진다. 이 두려움은 한 권의 책만 내놓고는 조용히 사라지게 한다. 그들은 진정한 글쓰기의 행복을 맛보지 못한 것이다.

다행스럽게도 필자는 글쓰기의 행복을 체험했다. 우연하게 시작한 행복한 글쓰기학교에서 글쓰기의 행복을 깨닫게 되었다. 깨달음을 책으로 집필하게 되었고, 독자와 만날 수 있게 된 것이다. 이 글과 동시에 또 하나의 원고를 작업 중에 있다. 필자는 글쓰기가 너무 행복하다. 앞으로도 계속해서 글을 쓸 것이다. 글을 쓰면서 살아있다고 느끼기에 두려움 따위는 걱정하지 않는다.

"나는 글을 쓰는 것이 미치도록 좋다."

글을 쓰면서 가끔 과거로 산책을 나간다. 아팠던 과거를 되짚어 보고, 글로써 그 아픔을 치유하는 시간을 가진다. 누군가 필자를 화나게 한 것과, 오해를 한 이들이 떠오르면 치밀어 오르는 분노를 잠시 멈추고, 글쓰기를 통해 용서의 시간을 가진다. 필자에게 글쓰기는 치유의 도구이다.

"나는 글을 쓰는 것이 미치도록 좋다." 이것은 매일 매일 행복한 글을 쓰기 위해서 필자가 암시하는 것이다. 필자에겐 글쓰기란 치유의 도구이자, 행복한 운명적 도구이다. 그렇기에 필자의 삶을 송

글쓰기부터 바꿔라

두리째 바꿔놓은 글쓰기가 미치도록 좋다. 글쓰기의 삶을 그저 만족할 수밖에 없다. 이런 만족감은 또 다시 글을 쓸 수 있는 원동력을 만들어 준다.

벗꽃이 떨어지면
이야기가 시작된다

글쓰기의 출발점을 결코 복잡하게 생각할 필요가 없다. 많은 사람들이 자신의 머릿속에 갑자기 떠오른 창조적 영감으로 시작한다. 마치 해리포터나 반지의 제왕과 같은, 혹은 세계 최고의 실용서가 될 것 같은 위대한 상상을 시작한다. 이런 상상을 하루 종일 하다가 막상 글을 쓰려고 컴퓨터 앞에 앉으면 머릿속이 하얗게 변하면서 한 글자도 쓰질 못한다. 언제 그런 위대한 상상을 했냐는 듯이 창조적 영감은 사라지고, 글을 쓰면 쓸수록 무엇인가 잘못된 길로 들어섰다는 생각이 든다.

많은 사람들이 이렇게 글을 쓰고 있다. 이런 사람들에게는 오히려 너무나 많은 생각이 글을 쓰는 것을 방해한다. 글쓰기의 출발점은 머릿속 수많은 생각이 아니다. 단순하게 자신의 주변이 글쓰기의 출발점이 될 수 있다. 필자도 '여보, 스트레스 받을 거면 글을 안 써도 돼요.'라는 말이 이 책의 시작이 되었다.

한 장소에도 수많은 이야기가 존재한다

봄이 되면 벚꽃이 만개하여 온 세상이 분홍빛이다. 벚꽃이 만개한 부산의 황령산, 주말이 되면 벚꽃을 보러 올라가는 사람들이 붐비기 시작한다. 이곳에 숨어있는 이야기가 있다. 당연히 수많은 사람들의 삶에 대한 이야기가 있지만, 필자가 자주 가는 작은 카페의 이야기를 전하고 싶다. 황령산이 시작되는 '루반'이라는 카페, 이곳의 사장님은 7년 전 커피를 마시며 떨어지는 벚꽃을 보며 카페를 차리겠다고 마음을 먹었다. 마음을 먹은 지 2주 만에 카페를 개업하고 커피를 팔기 시작했다. 다음해 벚꽃이 지면 카페 문을 닫아야지 했던 생각이 어느 덧 7년이라는 세월이 흘렀다.

필자는 가끔 이곳에 와서 커피를 마신다. 평소 아메리카노를 즐겨 마시지만 이곳에는 라떼가 일품이다. 이곳의 이야기는 글토 쓰기에 흥미롭다. 이러한 이야기뿐만 아니라 어느 곳이든 장소어 따라 이야기가 존재한다.

글쓰기를 언제 시작하면 되는가. 고민할 필요가 없다. 자신이 있는 곳에서 바로 시작하면 된다. 벚꽃이 떨어지는 풍경이 보이는가. 벚꽃이 떨어지는 모습을 보며 글쓰기를 시작하자. 벚꽃이 떨어지는 장소를 써보자. 자신이 있는 곳에 숨어있는 이야기를 찾아보라. 더 이상 글쓰기를 미루지 말고, 자신의 주변에 보이는 상황이 시작점이 되는 것이다. 글을 통해 장소가 더 뚜렷해질 것이다.

한 장소에도 수많은 이야기가 존재한다. 그 이야기는 사람의 시선에 따라 다르다. 풍경화를 그릴 때 각도에 따라 명암이 다르고 계절에 따라 색감이 다르듯, 글쓰기도 마찬가지이다. 쓰는 이의 시선에 따라 이야기 전개가 다르고, 계절에 따라 다르다. 이것이 글쓰기의 매력이다.

글쓰기와 놀아보자

〈연필로 고래잡는 글쓰기〉의 저자 다카하시 겐이치로는 "소설은 쓰는 것이 아니라 붙잡는 것이다. 소설가는 모두 소설을 써왔던 것이 아니라 붙잡아왔던 것이다."라고 말한다. 그러면서 공놀이를 하듯, 글쓰기와 놀아준다 라는 표현을 쓴다.

글을 쓰고자하면 어디에서든 글쓰기를 통해 놀 수 있다. 자신이 있는 위치에서 갑작스럽게 떠오르는 이야기, 다카하시 겐이치로가 말하는 갑작스러운 공을 소재로 삼는 것이다. 그 공을 잡으려고 하였으나 떨어뜨려서 다시 주우러가는 아이마냥, 글을 쓰는 사람들도 공과 함께 노는 것이다. 처음 캐치한 소재와 다르게 이야기가 전개되면서 걱정이 되기도 한다. 아무럼 어떤가. 자신이 서 있는 장소가 중심이 되어 공을 마음껏 던지고 잡으면 된다.

벚꽃이 떨어지는 카페에는 봄 이야기도 있지만, 여름과 가을, 그리고 겨울의 이야기가 존재한다. 사계절은 하나님께서 우리에게 주신 축복이다. 계절에 따른 소재가 이야기가 되어 마음껏 글쓰

글쓰기부터 바꿔라

기를 진행할 수 있다.

글이 안 써질 때는 자신의 일상을 뒤돌아보라. 수많은 소재들은 이미 자신에게 있다. 자신의 과거만 살펴보더라도 평생 글을 써도 남을 이야깃거리가 있다.

필자의 경우 글이 안 써지면, 집안일을 한다. 설거지를 하고, 빨래를 돌린다. 청소기도 돌린다. 집안일은 해도 해도 끝이 없는 듯하다. 때론 집안일을 하다보면 생각나는 소재들이 있다. 그러면 집안일을 놔두고 다시 집필에 몰입한다. 일상에서 소재를 찾는 하나의 방법이다. 일상은 글을 바르게 쓸 수 있도록 도와준다. 자신의 올바른 일상이 글이 되어 누군가에게 위로와 치유를 전해주는 통로의 역할을 할 것이다.

지혜로운 작가는 그냥 일을 하다 보니 영감이 찾아왔다고 말한다. 실제로 매일 반복되는 작업 계획에 영감이 더해지면 최상의 효과를 기대할 수 있다. 따라서 정기적으로 글을 쓰겠다는 계획을 세우지 못했다면 지금부터

라도 만들어보자. 꾸준히 글을 쓰는 습관이 몸에 배면 영감이 떠오를 때 이를 십분 활용할 수 있다.

행운의 여신은 하루도 빠짐없이 글을 쓰려고 노력하는 사람에게 영감을 보내준다. 그렇기에 철저한 준비가 갖춰진 작가만이 그 행운을 거머쥘 수 있다.

〈글쓰기의 모든 것〉, 프레드 화이트

행복한 글쓰기학교에서 실습과제는 주로 일상적인 글이다. 일상에서 글을 쓰게 도와주는 것이다. 그런 반복적인 삶의 훈련을 통해 자신에게 허락된 창조적 영감을 잡을 수 있다. 매번 강조하지만 그런 글의 시작은 위대한 것이 아니다. 벚꽃이 떨어지는 곳에서 시작할 수 있다. "인간은 어떤 경우에도 아름답지 않은 것에 사랑을 느끼는 법이 없다. 모든 사랑은 아름다움으로부터 출발한다."라는 이외수 작가의 말처럼 주변을 살펴보라. 자신의 주변에서 보이는 아름다움이 출발점이다. 주변의 아름다움을 눈으로 담아 글로 배출하라. 당신의 글을 통해 아름다운 글과 아름다운 삶이 시작될 것이다.

당신이 글을 잘 쓸 수밖에
없는 이유

누구나 글을 쓰고자 하는 의지가 있다. 이 책을 잡은 것 자체가 글을 쓰고 싶다는 의지가 있다는 것이다. 책을 읽을 수 있다는 것은 당연히 글을 쓸 수 있다는 것이다.

하루에 있었던 일만이라도 기록해도 그것은 글이 된다. 아침에 눈을 뜨자마자 일어난 모든 일들을 적어보는 것이다. 일어난 일들 속에서 생각한 것들과 스쳐지나가면서 떠오른 생각들까지도 글로 써라. 하루 동안 일어났던 삶의 기록만 보더라도 자신이 글을 잘 쓸 수 있다는 생각이 들 것이다. 물론, 이런 생각은 하루 동안의 기록을 부지런히 썼을 때 해당된다.

정신없는 하루의 일상, 짜증나는 교통체증, 누군가에게 말하기는 민망한 집안 이야기 모두가 자신이 생각할 때는 평범한 일상이라고 생각하지만, 그 평범함이 다른 사람들에겐 특별한 삶이 될 수도 있다. 일상의 글쓰기를 통해 자신의 인생에 관심을 가질 필요가 있다. 이런 관심을 통해 자신을 이해하고, 사랑하게 된다. 글을 쓰는 것은 자신의 잘못을 돌아보기도 하고, 아픔을 치유하기도 한다.

글을 쓰는 것은 비용이 들지 않는다

글을 쓰는 것이 비용이 든다면 글쓰기에도 빈부격차가 심하게 날 것이다. 다행스럽게도 글쓰기의 영역에는 전혀 돈이 들지 않는다. 다만 글쓰기는 시간이 들 뿐이다. 시간을 얼마만큼 투자했느냐에 따라서 좋은 글을 쓸 수 있다. 시간은 누구에게나 공평하게 허락된다. 이 글을 쓰고 있는 필자에게도, 이 글을 읽고 있는 독자에게도 허락된다. 지금 이 글과 전혀 상관없는 이들에게도 똑같이 허락되는 것이 시간이다. 고로 누구나 글을 쓸 수 있다.

다음은 누구에게나 해당되는 글을 잘 쓸 수밖에 없는 9가지 이유다.

1. 살아오면서 지금까지 단 한 번도 글을 쓰지 않은 사람은 없다.

2. 어릴 적부터 교과서를 시작으로 수많은 글을 읽고 살아왔다.

3. 글을 읽었다는 것, 그 자체만으로도 글을 잘 쓸 수 있는 이유이다.

4. 심지어 위인들 중 시각장애가 있음에도 글을 쓴 사람들이 있다.

5. 글쓰기는 영혼을 자유롭게 하며, 누구나 쓸 수 있는 수단이다.

6. 수많은 법칙이 존재하지만, 당신이 쓰는 방법이 새로운 글쓰기법이 될

글쓰기부터 바꿔라

수 있다.

7. 현재 우리는 자유로운 생각을 얼마든지 적을 수 있는 세상에 살고 있다.

8. 언제든 주변 커뮤니티를 통해 글쓰기 모임에 참여할 수 있다.

9. 지금도 수많은 작가들의 강연이 기획되고 있으며, 강연을 참여하면서 작가를 만나 글쓰기 노하우를 전수 받을 수 있다.

사람의 시선이라는 것이 '나는 글을 쓸 수 없어.'라는 부정적인 생각으로 보면 부정적인 것들만 보이기 시작한다. 그 부정적인 생각으로 자신이 글을 잘 쓸 수 없는 100가지의 이유를 쓸 수 있을 것이다. 반면에 '나는 글을 잘 쓸 수 있어.'라고 긍정적인 생각을 가지면, 잘 쓸 수밖에 없는 이유를 쓸 수 있다. 이것만으로도 우리가 글을 잘 쓸 수밖에 없는 조건을 계속 생각해야 하는 이유다.

상상력과 창의력 또한 비용이 들지 않는다

대부분 무엇을 써야할지 모르는 사람들이 많은데, 현재 자신이 보고 있는 것을 쓰면 된다. 무조건 SF공상이나 우주첨단물을 써야만 사람들이 좋아할 것이라 생각한다면 오산이다. 지금 위치에서 보이는 것을 쓰는 것이 글쓰기의 출발점이다. 미술 조영물을 그릴 때 보는 각도마다 위치가 다르고 명암이 다르듯이 사람마다 다른 시선으로 글들이 다르게 표현이 된다. 사람의 시선에 따라 다른 작품이 되는 것이다.

글쓰기의 발전을 위해서 경험이 필요하다. 그래서 창조적인 글을 위해서 많은 경험을 해야 한다. 물론 세상의 모든 일들을 경험하기에는 제한이 있다. 그러기에 독서를 통해 간접 경험이 중요하다.

또한 모든 사람은 상상을 통해 창의적 경험을 할 수 있다. 우리는 상상을 통해 조선시대 이전의 과거 여행과 자신이 기억지도 못하는 엄마뱃속의 여행, 심지어 우주와 같은 공상여행을 떠날 수 있다. 조선시대 상상을 한다고 돈을 내고 떠날 필요가 없다.

상상의 비용을 아낄 필요 없다. 마음껏 상상하라. 상상력만 하더라도 당신이 글을 잘 쓸 수 있는 이유라고 볼 수 있다. 가난한 작가들이 대문호가 되는 것을 보면 오히려 궁핍한 가운데 상상력과 창의력이 발달되는 것 같다.

'내 책의 순위를 확인해보니 60억 34만 2,786위다.
나는 권총이나 지난밤 흥에 겨워 춤을 추다 어딘가로
던져버린 신경안정제를 찾으려고 집안을 뒤진다.
그러나 방아쇠를 당기거나 목구멍에 알약들을 털어
넣기 직전에, 다시 생각한다.'

이 글은 전 세계적으로 600만부 이상이 팔린 로맨스와 미스터

글쓰기부터 바꿔라

리 소설 작가 테리 블랙스톡이 〈작가생활〉이라는 자신의 작품에서 전한 내용이다. 그러고는 갑자기 글감이 떠올라 자동유도장치 로봇처럼 작가는 컴퓨터 앞으로 재빨리 달려가서 글을 쓰기 시작하였다.

책을 출간한 작가들, 심지어 전 세계적인 작가들도 자신이 쓴 글에 대해서 의문을 품는다. 그러기에 자신이 쓴 글에 대해서 깊은 한숨을 낼 필요가 없다. 오히려 자신이 글을 잘 쓸 수밖에 없는 이유에 대해서 생각해 볼 필요가 있다.

이 글을 읽고, 당신이 글을 잘 쓸 수밖에 없는 이유가 무엇이라고 생각하는가? 적어도 5가지 이상을 한 번 생각해서 작성해보기를 바란다.

자신이 글을 잘 쓸 수밖에 없는 이유

1. 나는 글쓰기 기술이 담겨있는 〈첫키스의 설렘으로 써라〉를 읽고 있다.

2.

3.

4.

5.

Tuesday 키워드 '시선'

화요일은 '시선'을 바꿔보는 요일이다. 동물이나 사물의 시선으로 세상을 바라보자.

글 쓰 기 와
사랑에 빠지다

글쓰기와 사랑에 빠지다

사랑에 빠진 기억이 있는가. 사랑하는 대상을 생각만하더라도 설렘과 떨림으로 가슴이 뛴다. 학창시절 사랑에 빠져 시도 때도 없이 사랑하는 사람을 생각했던 기억이 있을 것이다. 수업시간에도 그녀가 생각난다. 맛있는 음식을 먹을 때도 그녀가 생각난다. 아침에 눈을 뜨고 잠자리에 드는 순간까지 그녀가 떠오르며, 심지어 꿈속에서도 사랑하는 그녀와 함께하는 시간을 가진다. 이와 같이 글쓰기와 사랑에 빠져야 한다.

그렇다. 무엇을 하든지, 사랑에 빠져야 한다. 어여쁜 아가씨와 사랑에 깊이 빠지듯이, 책 저술하는 작업은 사랑하는 사람의 가슴에 푹 빠져 들어가듯 하자. 그 가슴에서 자유로운 영혼은 우주를 몇 바퀴나 돌 수 있는 에너지를 만들 수 있다.

〈세종처럼 읽고 다산처럼 써라〉 다이애나 홍

글쓰기와 사랑을 동일하게 생각해야 한다. 글쓰기를 위해 사랑에 빠진 사람처럼 아침에 눈을 뜨자마자 글쓰기에 대한 행복한 생각을 시작으로 잠자리에 드는 순간까지 글쓰기만 생각하는 시간을 가지는 것이다.

스티븐 스필버그는 '매일 아침 나는 가슴이 너무나 두근거려서 도저히 식사를 할 수 없을 정도다.'라고 했다. 자신이 꿈꾸던 작품을 만든다는 것 자체가 행복 그 자체가 되는 것이다.

학창시절 중간고사나 기말고사 기간이 되면 벼락치기로 밤을 새며 공부를 한 적이 있다. 한 학기의 성적을 위해서 밤을 새며 공부하였다. 그런데 평생의 꿈과 사랑하는 일을 위해서 밤을 새지 못할 이유가 있겠는가 라는 생각이 든다. 시험 성적보다 평생의 꿈이 중요하며, 대학의 성적보다 사랑하는 일을 하는 것이 중요하기 때문이다. 한 학기의 성적을 위해서 밤을 지새운 적이 있는가. 평생의 꿈을 위해 밤을 새며, 사랑하는 일을 위해 밤을 지새우자. 진정으로 사랑에 빠져보는 것이다.

필자에게 이제 글쓰기는 평생의 꿈이자 사랑하는 일이다. 그러기에 여행 중에도 글을 쓰며, 일상생활에도 글을 쓰고, 밤을 새며 글을 쓴다. 이런 독특한 사랑은 현실에서의 노력이 절대적으르 필요하다.

필자는 작가가 되기 전 독서와 사랑에 먼저 빠졌었다. 리딩포인트를 만나기 위해서 도서관에서 하루 종일 10권 이상의 책을 읽으며 환상적인 체험을 하였다. 글쓰기에도 사랑의 바통이 전달되어 글쓰기에 매진하고 있다.

> 나는 하루에 열 페이지씩 쓰는 것을 좋아한다. 낱말로는 2천 단어쯤 된다. 이렇게 3개월 동안 쓰면 18만 단어가 되는데, 그 정도면 책 한 권 분량으로는 넉넉한 셈이다. 이야기를 재미있게 쓰고 신선함을 유지하기만 한다면 독자들도 즐거운 마음으로 몰두할 수 있을 것이다. 어떤 날은 그 열 페이지가 쉽게 나온다. 그러면 아침 열 한 시 반쯤에는 작업을 끝내고, 소시지를 훔쳐먹는 생쥐처럼 신나게 다른 볼 일을 볼 수 있다. 그러나 나이가 들면서 그냥 책상에서 점심을 먹고 오후 한 시 반쯤 그날 분량을 끝내는 날이 더 많아졌다.
>
> <유혹하는 글쓰기> 스티븐 킹

사랑에 빠져 심장이 두근대면 살아있음을 느낀다. 진정한 글쓰기란 글을 쓰며 심장이 두근대야 하고, 글을 쓰면서 자신이 살아있다고 느끼는 것이다. 글을 쓰면서도 자신이 무엇을 쓰는지도 모른 채 살아가는 사람들이 있다. 글을 쓰지 않으면 자신의 심장이 멈추듯이, 끊임없이 글을 써야 한다. 글을 쓰지 않을 때, 세상이 멈췄다는 것을 느끼면 비로소 글쓰기와 사랑에 빠진 것이다.

아내와 데이트를 나간 적이 있다. 길을 걷는 도중 아내가 갑자

글쓰기부터 바꿔라

기 웃었다. 왜 웃느냐고 질문을 하니, 대학생으로 보이는 커플의 대화를 듣고 웃음이 터졌다는 것이다. 어떤 대화였냐고 물어보니, 남자가 "강동원이 잘 생겼어? 내가 잘 생겼어?"라는 질문에, 여자가 "당연히 오빠지"라고 답했다고 한다. 아내는 그 이야기를 듣고 남자를 보니 굉장히 평범하게 생겼었다고 한다. 그러면서 웃음이 터진 것이다. 사랑에 빠지면 평범한 남자도 유명 배우보다도 잘 생겨 보인다. 주변에서 뭐라 해도 상관없다. 사랑하면 사랑하는 것이 최고가 된다.

나탈리 골드는 "자신에게서 빠져 나와 다른 누군가의 피부 속으로 옮겨 들어가는 것, 이것이 바로 사랑에 빠진 사람의 모습이다. 다른 사람이 쓴 글을 사랑하게 되는 능력이 당신 안에 있는 능력을 흔들어 깨운다는 뜻이다."라는 말을 하였다.

위대한 글은 하루아침에 만들어지는 것이 아니다. 매일 끊임없이 쓰는 노력과, 포기하지 않는 신념이 위대한 글을 탄생시킨다. 매일 글을 쓰는 것에 도전하면 늘 포기하고 싶은 마음이 우리를 괴롭힌다. 필자의 경우는 책을 한 권 출간했음에도 불구하고 글쓰기를 포기하고 싶다. 그럼에도 계속적으로 도전할 수 있는 원동력은 바로 사랑이다. 사랑의 힘은 우리에게 포기하지 않게 한다. 글쓰기와 사랑에 빠지면 글쓰기가 우선순위가 된다. 글을 쓰는 것이 인생의 전부가 된다.

스티븐 킹은 예술적 영감의 신 뮤즈가 여러분의 책상에 너울너울 날아들어 타자기나 컴퓨터에 마법의 가루를 뿌려주는 일은 결코 없다고 단언했다. 뮤즈가 찾아오면 오히려 뮤즈가 살 집을 지어주어야 하는 게 우리의 일이며, 거기에 들어가는 노동은 순전히 우리의 몫이라고 했다.

〈글쓰기의 전략〉 정희모

글쓰기에는 왕도가 없다. 진정한 글쓰기는 뮤즈를 기다리는 것이 아니다. 용기 있는 자가 사랑을 차지하듯이, 글쓰기와 사랑에 빠지기 위해서 용기를 가지고 사랑의 방법을 구해야하고, 찾아야 하며, 문을 두드려야 한다.

그러기 위해서는 글쓰기를 최고의 자기계발로 생각해야 한다. 자신의 삶을 변화시키는 최고의 도구를 글쓰기로 생각하자. 자신이 다짐하고자 한 것을 지키지 못하면, 글쓰기의 벌칙을 수행하는 것이다. 새벽에 일어나기를 선언하고, 늦잠을 자면 하루 지정된 분량의 글을 쓰는 것이다. 이런 노력은 글쓰기의 실력을 늘리고, 삶도 변화시킨다.

당신이 수없이 사랑했던 대상들을 목록으로 만들어보라. 당신이 사랑했던 모든 것을 글로 쓰는 것이다. 아주 어린 시절에 사랑했던 기억도 생각해서 써라. 그것만으로도 이미 글쓰기의 많은 것을 적을 수 있다.

글쓰기부터 바꿔라

글쓰기의 아름다운 울림

글쓰기에도 아름다운 울림이 있어야 한다

세계에서 가장 아름다운 소리를 낸다는 에밀레종, 정식 이름은 성덕대왕 신종으로 우리나라 국보 제29호이다. 1,200여년 역사가 담긴 예술작품으로, 조선시대에는 아이들에게 놀이도구가 되었음에도 불구하고 아름다움을 간직하고 있다. 지금은 보존을 위해 종을 치진 않는다고 한다. 필자는 어릴 적 수학여행을 통해서 에밀레종을 만난 기억이 있다. 종을 치지 않아서, 스피커를 통해 녹음된 종소리를 들었다. 비록 종소리를 직접 들어보지 못했지만, 종의 모습만 보더라도 거대한 울림이 느껴졌다.

이 종에 이런 설화가 있다. 종이 울릴 때마다 아이가 어미를 부르는 소리가 난다고 해서 에밀레종이라 부른다. 어린 시절 수학여행 탐방 중 이 이야기를 듣고 '에밀레~에밀레~'라며 웃으며 따라 했던 기억이 난다.

물론 이 설화는 진실이 아니라고 판명이 났다. 학자들은 종의 성분 속에 인체의 성분이 있는 지 분석을 했다고 한다. 그러나 인체의 성분이 발견되지 않았고, 종을 만드는 일이 힘들어서 생긴 설화라고 단정하였다.

종의 아름다운 울림처럼 글쓰기에도 아름다운 울림이 있어야 한다. 글을 쓰는 작가는 글쓰기에 울림이 있어야 한다. 작가가 아니더라도 글을 쓰는 이들은 모두 글에 울림을 담아야 한다.

보존을 위해 종을 치지 않더라도 세상 끝까지 울릴 것 같은 종의 자태처럼 누군가에게 읽혀질 때 메아리쳐 퍼질 것 같은 아름다운 글을 써야 한다.

그런 울림을 위한 글쓰기는 풍족함에서 나올 수 없다. 시간이 많고, 돈이 많다고 해서 글을 잘 쓸 수 있는 것이 아니다. 부족한 시간을 쪼개고, 여유롭지 않은 형편에서 본인만의 소신을 가지고 쓴 글, 그런 글이 울림이 가득한 글이다. 생각을 해보라. 글을 써도 되고, 안 써도 되는 풍족한 환경에서 쓰는 글과 글을 안 쓰면 안 되는 절실한 환경에서 쓰는 글 중 어떤 글이 울림이 가득할 것인가.

너무 화려하게 꾸밀 필요는 없다. 그저 글을 쓰는 데 집중할 수 있는 곳이면 된다. 〈대부〉로 대성공을 거둔 작가는 집 뒤편에 화려한 작업실을 만들었다. 넓고 밝은 방 안에 커다란 책상 두 개를 들여놓고, 작가라면 누구나 바랄 법한

글쓰기부터 바꿔라

모든 도구들을 완벽하게 갖추었다. 하지만 푸조는 그곳에서 한 문장도 쓰지 못했다. 결국 그는 다시 아이들이 뛰어노는 부엌 식탁으로 돌아갔고, 그제야 다시 펜을 들 수 있었다.

〈365 작가연습〉 주디 리브스

필자는 첫 책을 집필할 당시에 20대 후반이었다. 당시 평범한 회사생활을 하는 월급쟁이였으며, 후배 2명과 함께 원룸 생활을 하였다. 부산의 영도라는 지역에 위치한 원룸의 전망은 화려했다. 아침에는 떠오르는 태양과 함께 빛나는 바다의 전망이 펼쳐졌고, 밤에는 아름다운 달빛과 함께 고요한 바다가 펼쳐지는 전망이 펼쳐졌다. 날이 좋을 때는 저 멀리 대마도가 보이는 곳이었다. 전망이 멋진 원룸이었지만, 원룸은 원룸일 뿐이다. 3명이서 쓸 수 있는 책상은 단 하나였다. 새벽을 깨워 후배들이 잠에 빠져있을 때 잠시 책상을 사용하였다. 잠깐의 집필을 하고 출근을 하면 항상 바쁜 업무에 시달렸으며 늦은 저녁까지 야근이 일상이었다. 일을 마치고 원룸으로 돌아와 다시 집필에 매진하였다. 그렇게 열악한 환경에서 탄생한 것이 필자의 첫 책 〈독서법부터 바꿔라〉이다.

여유가 있다고 글이 잘 써지는 것이 아니다

첫 책이 출간되고 본격적으로 작가 활동을 시작하면서 직장을 퇴사하였다. 전업 작가가 되면서 시간적 여유가 생겼다. 결혼을 하면서 신혼집에 서재까지 생겼다. 원룸에서 집필한 기억에서 벗어나고자 완벽한 서재를 꾸몄다. 서재에는 전원버튼을 누르면 10초도 안 돼서 부팅이 되는 컴퓨터와 3개의 원고를 동시에 쓸 수 있는 모니터가 있다. 언제든 자유롭게 움직일 수 있는 키감 좋은 무선 키보드가 준비되어 있다. 서재에 앉아 손을 뻗으면 가져올 수 있는 책장도 마련되어 있다. 이런 아주 좋은 환경이 펼쳐져 있는데, 이전에 원룸 생활할 때보다 좋은 글을 쓰고 있지는 않았다. 심지어 서문에서 공개했듯이 집필로 스트레스를 받고 있는 필자의 모습을 발견하였다.

조슈아 패리스는 "당신에게는 사실 책상조차 필요하지 않다. 당신의 책상은 지하철에도, 욕실의 변기에도 있을 수 있다. 생각에 몰두할 수만 있다면 책상은 어디에나 있다."라고 말한다. 모든 것을 갖춘다고 해서 글을 쓸 수 있는 것이 아니다. 부족함이 가득할 때 오히려 잘 써진다. 오히려 자신을 통제하는 영역을 벗어나는 순간, 시간과 공간 따위는 전혀 문제가 되지 않는다. 시끄러운 음악이 나오는 카페에서도 글쓰기에 몰입할 수 있고, 아이들이 시끄럽게 뛰어노는 놀이터 옆도 상관없다. 덥거나 추운 곳도 상관없다. 오히려 신경 쓰이는 모든 것들이 글쓰기의 소재가 될 수 있다.

컴퓨터가 없어도 노트에 쓸 수 있다. 노트가 없으면 어떠랴, 필자는 누군가에게 받은 명함과 같은 종이에도 글을 써낸다. 명함 주

글쓰기부터 바꿔라

인도 기억하고 활용도 하는 효과가 있다. 운전 중에도 녹음기를 꺼내 말한 적도 있다. 자신이 있는 곳이 글쓰기를 위한 최적의 장소이다.

울림이 있는 진정한 글쓰기는 모든 것이 갖추어졌다고 해서 탄생하는 것이 아니다. 부족함을 통해서 간절한 것이 쌓여서 탄생하는 것이 글쓰기이다.

로마의 황제 마르크스 아우렐리우스는 "사람의 일생이란 그 사람이 일생을 어떻게 생각했는가 하는 것이다."라고 말하였다. 자신의 환경을 보지 않고, 간절한 생각을 담는 글을 써보자. 진정한 울림의 글을 쓸 수 있을 것이다.

비판적 관점을 잠시 접어라

글을 쉬지 않고 쓰는 것

행복한 글쓰기학교에서 '나에게 글쓰기란 무엇인가?'라는 주제로 30분 글쓰기훈련을 한 적이 있었다. 앞서 소개했듯이 규칙은 30분간 펜을 쉬지 않고 쓰는 것, 복잡한 생각 없이 그냥 글을 쓰는 것이다.

현장은 굉장히 치열했다. 한 번 상상해보라. 10여명의 인원이 30분 동안 한 마디도 하지 않고 글을 쓰는 현장이다. 마치 공무원 시험이나 수능시험의 시험장과 같은 열기가 가득한 분위기였다. 대학생부터 취업 준비생, 직장인, 강사 등 다양한 사람들이 모여 글을 쓰는 현장, 그들의 글쓰기에는 간절함이 담겨있었다.

필자는 글쓰기 현장의 펜을 움직이는 소리가 마치 오케스트라 현장의 악단의 연주와 같았다. 그 현장에서 서문에 소개되었던 글쓰기를 오케스트라에 비유한 영감을 얻었다. 그들은 필자가 사진을 찍어도, 옆에서 어떠한 행위를 하여도 흐트러짐 없이 글쓰기에 몰입하였다. 이것이 진정한 글쓰기이다.

30분 글쓰기 훈련은 필자의 강연을 들으러 온 사람들에게 '너도 해봐라'는 식의 훈련이다. 사람들은 지겨워할지 모르지만, 이 글쓰기 훈련을 통해서 분명 글쓰기의 성장이 일어난다. 꾸준히 하다보면 창조적 글쓰기 단계에 이르는 기적과 같은 일이 생긴다. 진정한 자유로운 글쓰기로 넘어가는 것이다.

자유로운 글쓰기를 위해서 위험한 독자에 대한 개념을 정리할 필요가 있다. 외부의 위험한 독자와 내면의 위험한 독자가 있다.

외부의 위험한 독자

외부의 위험한 독자는 남을 비방하는 독자를 말한다. 이 시대의 살아가는 이들 중 과연 이들을 좋아하는 사람이 있을까 라는 의문이 든다. 때론 이들은 사람의 생명을 위협하기도 한다.

내면의 위험한 독자

외부의 위험한 독자보다 무서운 것이 내면의 위험한 독자이다. 즉, 자기 자신이 하는 부정적인 생각이다. 자신의 글을 긍정적 평가하기 보다는 부정적인 평가를 하기 시작한다. 글을 쓰는 것에 대한 비판적 관점을 지속적으로 제시하며 방해한다.

진정한 글쓰기를 위해서 위험한 독자들의 비판적 관점을 잠시 접어둬라. 비판적 관점이 아닌 창조적 관점으로 글을 생산하는 것이다. 30분만이라도 투자해서 끊임없는 훈련을 해나가는 것이다. 이 글을 보는 이는 없다. 날려 쓰든 흘려쓰든 전혀 문제가 되지 않는다. 오히려 자유로운 글쓰기를 위해 더 날려 써라. 자유로워져야 진정한 글쓰기를 할 수 있는 것이다. 이렇게 쓰다보면 어느덧 하나의 주제로 끊임없이 글을 쓰는 자신을 발견할 수 있다. 이 얼마나 감격스러운 일인가.

위험한 독자가 있다는 것은 안전한 독자가 존재한다는 것이다. 오히려 적극적으로 지지하는 독자들이 더 많다는 것을 기억하라. 필자는 위험한 독자들을 극복하게 된 계기가 된 사건이 있었다.

책이 세상으로 나오기 전까지는 위험한 독자들의 위협이 있었다. 필자의 글이 출간되기 전이라 외부의 위험한 독자는 전혀 존재하지 않았다. 내면의 위험한 독자가 지속적으로 부정적인 생각을 만들어내고 있었다. 이런 생각은 글을 쓴 것과 작가가 되기로 한 것에 대해 후회를 하게 할 정도였다. 이 모든 부정적인 생각은 책이 나오고 단숨에 사라졌다. 책이 세상에 나오면서 여러 곳에서 연락을 받았다. 감사의 메시지와 칭찬은 필자를 위협하는 위험한 독자들을 극복하게 하였다. 독자와 인연이 되어서 회사에 강연도 나가고, 블로그로 꾸준히 소통을 하고 있으며, 서울을 찾을 때마다 만나고 있다. 이런 경험을 통해 글쓰기는 창조적 만남이라는 것을 깨달았다.

글쓰기부터 바꿔라

필사는 글쓰기의 체력을 키운다

30분 글쓰기의 체력을 키우는 것에 필사가 도움이 된다. 글쓰기라는 것이 30분만 투자하면 되는데, 쉽지가 않다. 30분이라는 시간이 굉장히 길게 느껴진다. 아마도 이것은 글을 쓰는 모든 사람들의 고민거리일 것이다. 이런 시점에 필사, 즉 좋은 글이나 좋은 책을 베껴 쓰면서 글쓰기의 훈련을 하는 것이다. 이 또한 기계적인 훈련이 되며, 좋은 글을 습득하고, 자신만의 창조적인 글쓰기를 시작할 수 있는 것이다.

30분간 글을 쓸 때는 비판적 관점을 잠시 접어둬라. 문제가 되는 글은 언제든 편집할 수가 있다. 창조적 관점으로 글을 생산해라.

30분 글쓰기 훈련을 통해 글쓰기 근육을 키워보자. 어떻게 하면 글을 잘 쓰는지, 직접 글을 쓰면서 고민해보자. 글쓰기에 관해서 쥐어짜면 마치 화장실에서 오랜 변비로 고생 끝에 배출한 배설물처럼 생각지도 못한 글들을 배출해낸다. 그런 글들을 만나면 엄청 뿌듯하다. 자신의 머릿속에서 이런 글들이 있었다니 스스로가 대견하기까지 하다. 이것이 글쓰기의 매력이라 생각한다.

모든 일상을 내려놓는다. 전화도, 메시지도, 업무의 스트레스도 내려놓고 오로지 글쓰기에만 몰입하는 것이다. 다시 한 번 강조하지만 쉬지 않고 계속 글을 쓰는 것, 이것이 확신적 글쓰기의 훈련이다. 도대체 언제 끝날지 나도 모르겠다.

연필 끝에 에너지를 모아 글을 써내는 것이다. 멈추지 마라. 절대로 멈추지 마라. 계속 써라. 비판적 사고를 접어두고 써라. 문법, 단어가 틀리더라도 써라. 전혀 문제가 되지 않는다. 나중에 자신이 다시 편집하면 된다. 글을 쓰는 것에 용기를 가져라.

제갈량의 출사표를 쓰는
심정이 되라

세계에서 가장 많이 읽히는 책을 들라면 당연 성경이다. 성경은 동서양을 막론하고 베스트셀러로 등극한 책이다. 필자는 모태신앙으로 어릴 적부터 성경을 읽어왔다. 독서가가 되고 매일 잠언 1독을 하고 있다. 성경은 독서력을 높이는 것에 굉장히 도움이 된다.

성경 다음의 책은 다름 아닌 삼국지이다. 삼국지는 중국역사의 숨결이 담긴 책으로, 진나라 진수가 쓴 역사서를 지칭하고, 나관중이 쓴 소설 〈삼국지연의〉가 우리가 흔히 알고 있는 책이다.

> 〈삼국지〉 전편을 통해 우리가 느낄 수 있는 것은 인생의 허무감이다. 속고 속이고, 죽고 죽이는 장대한 드라마를 연출해놓고 그들은 모두 백골이 되어간다. 그리고 마지막에는 한줌 흙으로 돌아간다.
>
> 〈세계명작 다이제스트〉 박영민

　‘〈삼국지〉를 읽지 않은 사람과는 얼굴을 마주하지 말며, 〈삼국지〉를 세 번 이상 통독한 사람에게는 말을 많이 하지 마라’는 말이 있다. 한 번도 읽지 않은 사람은 무지하고, 세 번 이상 읽은 사람은 삼국지의 지략을 다 파악해 영악하기 때문이다. 그만큼 삼국지에는 인생에서 배울 점이 많다. 중국이 통일되기 전 역사이지만, 이후 천 년이 지나도 사랑을 받고 있다. 삼국지의 이야기는 오늘날 인간관계에서부터 정치와 국제사회 등 인간의 다양한 영역에서 접하게 된다.

　삼국지에서 존재감이 가장 강렬하며 오늘날까지 사랑받는 인물을 꼽자면 당연 제갈량이다. 그가 작성한 출사표는 삼국지의 전부라고 하여도 과언이 아니다. 제갈량이 대망의 북벌을 앞두고 어린 황제 유선에게 바친 출진의 보고서로 최후 승부를 앞둔 공명의 비장함과 진솔함이 가득 담겨 있다. 제갈량은 심령이 울리는 출사표를 작성하였는데, 이를 알기 위해서는 삼국지를 전체적으로 파악해야 한다.

삼국지 이야기는 글을 쓰는 이들에게 영감을 전해준다

〈삼국지〉는 옛 중국의 후한말, 부패한 정치로 혼란한 사회에 황건적의 난이 일어난다. 이 시기에 유비를 중심으로 관우, 장비가 도원에서 의형제를 맺고 황건적을 토벌하는 것을 돕는다. 이후 동탁이 죽

고, 곽사와 이각이 정권을 장악하면서 헌제를 농락하자 조조가 이를
정벌한다. 정권을 빼앗은 조조에 이어 강동에서는 손책이 강동을 점
령하고 손권이 이어받는다.

유비는 삼고초려로 천하의 인재 제갈량을 얻어 천하삼분지계인
유비의 촉나라, 조조의 위나라, 손권의 오나라 이렇게 삼국의 시대
가 열린다.

삼국이 형성되고 본격적인 삼국지 이야기가 시작된다. 삼국지
를 대표하는 불세출의 대 전략가 제갈량을 중심으로 이야기가 전
개된다. 그가 오늘날까지도 존경받는 이유는 천재성과 함께, 2대
에 걸친 충성과 유비의 유언을 지키기 위한 눈물겨운 고투가 후세
사람의 신금을 울렸기 때문이다. 출사표를 요약해 본다.

신 제갈량이 말씀 올립니다. 선제께서 창업한지 반도 안
되어 중도에 붕어하셨습니다. 이제 천하가 셋으로 갈리
어 익주가 피폐해졌습니다.
신은 본시 벼슬도 없는 미천한 몸으로 남양에서 밭이나
갈며, 생명을 보존했으나, 선제께서 세 번이나 저의 초
라한 집을 찾으시며 당시의 세상사를 물으셨습니다. 이
에 감격하여 선제께 충성을 바칠 것을 허락하였습니다.
선제와 함께한지 어언 20여년, 선제께서는 임종하실 적
에 저에게 적군 토벌과 한실중흥의 큰일을 당부하셨던

글쓰기와 사랑에 빠지다

것입니다.

명을 받은 이래, 밤낮으로 숙고하여 5월 깊이 불모의 땅으로 진격하였습니다. 이제 남방은 이미 평정되고, 군사와 장비도 충족되었습니다.

이제 마땅히 북으로 나아가 중원을 평정할 것입니다. 반드시 흉악한 적을 물리쳐 한실을 부흥하고, 옛 도읍에 돌아가고자 함이니. 이는 신이 선제께 보답하고 폐하께 충성하는 직분이라 믿기 때문입니다.

신은 은혜를 받은 감격을 이기지 못하여 이제 멀리 출정에 앞서 표를 올림에 눈물이 나와 할 말을 더 잇지 못하겠나이다.

〈제갈량의 출사표 요약〉

이 글을 쓰고도 오랫동안 눈을 감고 유비를 생각하며 북벌의 의지를 다짐하고 있었다고 한다. 출사표는 중국 3대 명문 중 하나로 꼽히며, 예로부터 출사표를 읽고 눈물을 흘리지 않는 이는 충신이 아니라 하였다. 오늘날 군인들이 출병할 때와 정치가들이 선거에 나갈 때, 운동선수들이 경기에 나갈 때의 마음가짐을 출사표라는 비유로 표현하기도 한다.

후대사람들에게도 감동을 전하는 글

필자는 어릴 적부터 삼국지를 만화로 접하고 이후 3독을 하고 있다. 아직까지도 삼국지의 세계관을 전체적으로 이해하지는 못하였지만, 제갈량의 충신이 담긴 출사표는 감동스럽기만 하다. 제갈량의 출사표는 글을 쓰는 이들을 감동시킨다. 글을 쓰는 모든 이들이 제갈량과 같은 마음으로 글을 쓴다면 현시대 사람들에게 감동을 전해줄 수 있을 뿐만 아니라, 후대사람들에게도 감동을 전해줄 수 있을 것이다.

하루 30분 글쓰기의 짜릿함

모든 행동은 습관으로 시작된다. 글쓰기도 마찬가지다. 글쓰기를 잘하기 위해서 필요한 것은 글을 쓰는 습관이다. 어떠한 전문교육을 받는 것보다, 또 어떤 학위를 받는 것보다 중요하다.

글을 쓰는 습관을 가지기 위해서는 기계적 글쓰기 훈련을 걸쳐야 한다. 기계적 글쓰기 훈련은 규칙적인 시간에 글을 쓰는 것이다.

글쓰기 입문자들과 함께 30분 글쓰기 훈련의 시간을 가진다. 30분 글쓰기 훈련의 주제는 자유이다. 30분 동안 어떠한 주제도 상관없이 글을 쓰는 것이다. 여기서 중요한 것은 아무 생각 없이, 생각나는 대로 쓰는 것이다. 논리도 필요없다. 문법이나 어떠한 규칙도 필요 없고, 그저 쓰는 것이다.

처음 글을 쓰는 사람들에게 30분 글쓰기 훈련을 하면, 고통스럽기 짝이 없다. 필자도 마찬가지였다. TV를 본다거나, 인터넷 서핑을 하면 금방 지나가는 30분이, 글을 쓰는 30분은 어찌나 안 지나가는지 글을 쓰기 전에는 전혀 깨닫지 못했다. 물론, 이제는 30분이 짧아서 더 많은 시간을 글쓰기에 매진하고 있다.

1. 생각을 내려놓고, 글쓰기에 몰입하라!

고통스러운 30분을 이겨내기 위해서는 우선 생각을 내려놓아야 한다. 머릿속의 너무나 많은 생각이 글을 쓰는 것을 방해한다. '이렇게 써도 되는 것인가?'라는 생각이 오히려 고통의 시작이다. '이렇게 쓰면 뭐 어때?'라고 하며, 경직된 사고에 반론을 제기하라. 30분 동안에는 모든 고통의 생각을 내려놓고, 그저 자유로운 글쓰기를 시작하면 된다.

2. 30분 모래시계를 이용하라!

특별히 30분 모래시계라는 도구를 활용하는 것을 권장한다. 목욕탕 사우나에 가면 모래시계가 있다. 보통 사우나 모래시계는 5분이나 10분 정도의 시간이다. 이 시간동안 사우나에 앉아있으던 은근히 끈기력을 가지게 해준다. 3분 정도 앉아 있을 끈기를 5분 이상 견디게 해준다. 필자는 슬럼프 때 목욕탕에서 책을 읽고 극복했었다. 독서법 책을 집필할 때에도 30분 모래시계 글쓰기는 사우나에 머무르면서 깨달은 것이다. 글쓰기에도 모래시계를 활용해서 글을 쓸 수 있겠구나 라는 생각이 들었다. 집으로 가서 모래시계를 검색해보니, 초단위부터 시간단위까지 다양한 모래시계들이 있었다. 처음 입문하는 자들에게는 30분을 추천한다. 휴대하기도 편하며, 어딜 가서든 활용할 수 있는 것이다. 30분 모래시계가 돌아가는 동안은 필자의 아내도 말을 건내지 않는다. 온전히 집중할 수 있는 도구가 되었다.

필자는 지금도 바쁜 일정에 글쓰기를 놓치면, 다시 30분 모래시계를 꺼내든다. 다시금 초심으로 돌아가서 30분 동안 글을 쓰기 시작한다. 처음 글쓰기 습관을 들이기 전에는 30분 동안 글쓰기가 쉽지 않았지만, 이제는 30분은 그저 쓰는 시간이 되었다.

창조적 글쓰기 단계

기계적 글쓰기 훈련이 익숙해지면 다음 단계는 창조적 글쓰기 단계이다. 30분이 짧게 느껴지는 순간 자연스럽게 다음단계로 진입하게 된다. 생각을 내려놓고 30분 동안 글을 쓰고 있으면 기계적 글쓰기 훈련에서 창조적 글쓰기 단계로 성장하는 것이다. 이는 꾸준한 30분 글쓰기 훈련을 통해서 얻을 수 있는데, 기계적인 습관이 창조적 단계로 이끌어 주는 것이다.

이 단계에 진입하면 30분이 짧다. 누군가와 약속을 하기 전 글쓰기라면, 약속을 뒤로 미루고 싶을 정도, 아니 취소하고 싶을 정도로 글쓰기가 매력적이다. 이 단계가 되면 30분 모래시계가 쓸모가 없어진다. 창조적 글쓰기 단계로 성장하기 위해서 지속적인 글쓰기 훈련을 가져야 한다. 30분 글쓰기를 훈련하면서도 충분하다고 생각할 때 조금 더 써보라. 성장은 남들이 30분 쓰고 정리할 때 1분을 더 써보는 것이다. 1미터 더 뛰어간 사람이 성공한다는 말이 있다.

'휴, 30분이 지났다'라고 하는 순간 모래시계를 뒤집는다

필자는 창조적 글쓰기를 위해서 30분 모래시계가 끝난 다음에 '휴, 30분이 지났다.'라고 만족하는 순간 바로 30분 모래시계를 뒤집는다. 마음의 만족함을 허락하지 않는다. 30분 모래시계를 뒤집고, 또 한 번의 30분이 끝나는 모래시계의 지점, 그 지점의 짜릿함을 맛보라. 뒤돌아보면, 1미터가 아닌 100미터 이상 더 멀리 왔다는 것을 깨달을 것이다.

주디리브스 작가는 365일 작가연습에서 "물론 글쓰기 훈련을 할 때마다 매번 시간제한을 둘 필요는 없다. 특히 혼자 글을 쓸 때는 시간에 제한을 두지 않는 게 좋다. 한 시간 이상 고개 한 번 돌릴 수 없을 만큼 글이 쏟아질 때 쓰기를 멈춘다면 얼마나 손해인가. 냄비에 음식을 끓이고 있을 때 당신의 글이 뜨겁게 달아올랐다면, 냄비야 타건 말건 계속 써라."라고 말한다.

글쓰기모임의 참여자가 '실제로 냄비가 타면 굉장히 위험해요.'라는 말을 한 적이 있지만, 필자는 위험을 넘을 정도의 짜릿한 글쓰기를 맛보라고 전했다. 글쓰기의 매력에 빠져들면, 냄비가 타건 말건, 약속이 늦던 말건 상관없다. 헤어 나올 수 없는 짜릿한 글쓰기의 세계를 맛볼 것이다. 그 짜릿한 글쓰기의 시작은 30분 글쓰기 훈련이다.

자, 이제 30분 모래시계를 돌려보자. 진정한 자유로운 글쓰기를 위해서는 30분 따위는 식은 죽 먹기일 것이다. 오늘부터 당장 30분 글쓰기 훈련을 시작해보자.

Wednesday 키워드 '선물'

수요일에는 '선물'을 하나씩 받는 날이다. 선물 상자 안에는 무엇이 있을까?

글 쓰 기
부터 바꿔라 1

글쓰기 트레이닝 매뉴얼

글쓰기 트레이닝센터에 오신 것을 환영합니다. 저는 글쓰기 트레이너 기성준입니다. 이번 파트에서는 글쓰기 훈련을 소개하려고 합니다.

모든 기술의 시작은 특별하지 않습니다. 진정한 기술을 전수하는 교육은 도제교육입니다. 도제교육이란 뛰어난 장인의 집에서 가르침을 받는 것으로, 전문분야 교육뿐만 아니라 인성교육과 인격교육까지 영향력을 미칩니다. 도제교육을 전수하는 장인들의 교육을 자세히 살펴보면 특별한 교육커리큘럼이나 교육의 매뉴얼이 있는 것은 아닙니다.

무술의 장인이 있는 수도원에 들어가면 처음에는 청소부터 시작하고, 우물에서 물을 떠오는 것부터 시작합니다. 요리의 장인이 있는 식당에 들어가면 양파 껍질만 까는 것을 시킵니다. 그러면서 장인의 기술을 어깨 넘어보면서 배우는 것입니다.

글쓰기부터 바꿔라

"글쓰기를 가르치는 방식으로 어린 아이에게 걸음마를
가르친다면 아이는 결코 걸음을 배우지 못할 것이다."

마크 트웨인

어느 날, 헬스장에서 번뜩이는 아이디어

마크 트웨인의 말처럼 기술적인 노하우를 체계화시키는 것이 오히려 글쓰기 교육을 복잡하게 만드는 것일 수도 있습니다. 저는 행복한 글쓰기학교를 진행하면서, 또 글쓰기 책을 집필하면서 어떻게 하면 글쓰기의 기술을 복잡하지 않게 설명을 할 수 있을까를 고민하였습니다.

지난번 독서법 책에서는 목욕탕에서 독서를 하며 슬럼프를 극복한 이야기를 담았는데요, 이번 글쓰기 책에서는 헬스장에서 책을 읽다가 번뜩이는 아이디어를 만났습니다. 그때 저는 싸이클 위에서 책을 보고 있었습니다. 저는 유별나게 목욕탕과 헬스장에서도 책을 읽는 답니다. 진정한 독서가이지요?

번뜩이는 아이디어가 바로 글쓰기 트레이닝입니다. 누구나 쉽게 헬스장에서 트레이닝을 하듯이, 누구나 쉽게 할 수 있는 글쓰기 트레이닝을 만들어야겠다는 생각이 들었습니다. 그래서 탄생한 것이 글쓰기 트레이닝 5단계입니다.

제가 소개하는 글쓰기의 기술은 전혀 복잡하지 않습니다. 헬스장에 가서 운동하는 것을 연상하면 됩니다. 헬스장에 가면 먼저 트레이닝복을 갈아입고, 스트레칭을 합니다. 그리고 런닝머신에 올라서 달리기를 시작합니다. 달리기 운동이 끝나면, 기구를 활용해서 웨이트 운동을 합니다. 그렇게 헬스장에서 땀을 흠뻑 흘리고는 샤워를 하지요. 건강을 유지하기 위해 운동하는 사람들은 헬스운동을 특별히 배우지 않아도 쉽게 알 수 있는 과정입니다.

이런 헬스운동 과정을 연상하며 글쓰기 트레이닝 5단계 과정을 만들었습니다. 글쓰기 트레이닝 5단계는 다음과 같습니다.

1단계 트레이닝복 갈아입기, "작가의 옷을 입어라"

헬스장에서 도착하면 가장 먼저 해야 할 것은 트레이닝복을 갈아입는 것입니다. 글을 쓰는 이들은 당연히 '작가의 옷'을 갈아입어야 합니다. 1단계를 통해서 글을 쓰는 모든 이들에게 작가의 옷을 선물합니다. 여기에는 책을 한 권도 출간하지 않은 사람도 포함됩니다. 이 글을 읽는 모든 사람들이 작가의 시선을 가지고 글을 쓸 수 있는 기술을 알려드립니다.

2단계 스트레칭하기, "독서를 무시하지 마라"

스트레칭을 무시하면 안 됩니다. 운동선수들도 스트레칭을 하지 않으면 부상을 당합니다. 글쓰기의 스트레칭은 독서입니다. 독서를 무시하면 안 됩니다. 글을 쓰는 사람들이 독서를 무시하면 큰 코 다칩니다.

3단계 런닝머신 달리기, "단어를 던져라"

스트레칭이 끝나면 런닝머신을 달리며 몸을 풀어야 합니다. 글쓰기 트레이닝에서 자신이 알고 있는 단어를 던지는 기술을 소개합니다. 이 기술을 통해 글쓰기의 지구력을 기르게 합니다.

4단계 웨이트 트레이닝, "힘 있는 글쓰기"

런닝머신을 끝내면 웨이트 트레이닝을 통해서 근육운동을 해야 합니다. 힘 있는 글쓰기를 위해서 필요한 것이 무엇일까요? 글쓰기의 진정한 힘을 가지기 위해서 필요한 것을 알려드립니다.

5단계 샤워타임, "예술적으로 고치기"

샤워를 하며 땀을 씻고 나와야 운동을 마친 것이라 할 수 있지요. 아무리 많은 분량의 글을 썼다하더라도 고치지 않으면 좋은 글이 되지 않습니다.

운동이 끝나고 탈의실에서 거울에 비친 자신의 몸을 보면 꽤 단히 만족스럽습니다. 운동이 끝나고 거울을 보면 몸짱이 된 것 같습니다. 그러나 헬스장은 한 번 가고 끝나는 것이 아닙니다. 매일 헬스장을 찾아가서 운동을 해야 합니다. 그래야 건강한 몸을 유지할 수가 있습니다. 글쓰기도 마찬가지입니다. 매일 글쓰기 트레이닝을 해야 실력이 좋아집니다. 이 과정을 통해서 당신의 글쓰기 실력이 좋아지길 기대해봅니다. 더 나아가 글쓰기 전문가로 도약하시길 기대해봅니다.

"작가의 옷을 입어라"

행복한 글쓰기학교에 참여하면 제일 처음 하는 작업이 있다. 글쓰기에 입문하는 사람들에게 작가의 옷을 입히는 것이다. 모든 참여자들에게 '작가님'이라는 호칭을 부르는 것이다. 자신이 '작가'라는 자신감을 가지고 글쓰기에 임하는 것이다. 여기에 참여자들은 글을 배우러 온 사람들이다. 책을 낸 사람도 아니고, 글을 잘 쓰는 사람들도 아니다. 그러기에 '작가님'이라는 명칭이 참 어색하기만 하다.

"언젠가는 작가가 될 거야."라는 소망은 부질없는 것이다. 이미 여러분은 작가가 되어 있다. 규칙적으로 글을 쓰도록 자신을 단련하고 또 글쓰기에서 즐거움을 찾아라. 최대한 많이, 자주 그렇게 하라. 글쓰기를 즐겨라. 바로 지금 시작하는 것이다.

<맛있는 글쓰기의 길잡이> 잭 헤프론

필자는 20대에 집필한 글이 출판사와 계약되었다. 어린 나이에 풋내기인 작가라서 처음에는 작가라는 호칭이 참 어색하였다. 작가라는 타이틀 자체가 다소 무겁게 느껴졌는데, 필자가 될 줄 몰랐던 것이다. 하지만 글을 쓰는 모든 사람은 작가의 자질이 충분하다. 대문호들의 과거를 살펴보면 수많은 글들을 퇴짜 맞았지만, 그 글들이 엄청난 작품이 되기도 한다. 어떤 이들은 베스트셀러가 되어 자신의 이름이 알려지면, 이전에 퇴짜 맞은 작품들이 다시 세상에 나오기도 한다.

첫 번째 집필한 책의 주제는 독서법이었다. 독서법이라는 주제를 쓰게 된 것은 필자가 독서의 대가이거나 독서법을 통달해서 쓴 책이 절대 아니다. 독서법이라는 주제를 더 깊이 알고자 썼으며, 앞으로도 지속적으로 공부하기 위해서 썼다. 독서법에 관한 책을 출간하고 책을 읽지 않으면 사기꾼이 되는 것이 아닌가. 사기꾼이 되지 않기 위해서라도 계속적으로 독서를 해야 한다. 독서법은 필자가 평생 독서를 하고자 하는 의지가 담긴 주제 선정이었다.

글쓰기도 마찬가지다. 글쓰기 책도 세상에 공개되고 강연도 나갈 것인데, 글쓰기를 모른다고 한다면 엉터리 사기꾼이지 않는가. 필자는 운명적으로 평생 독서와 평생 글쓰기를 해야 할 사람이 되었다.

구본형 작가는 "알기 때문에 쓰는 것이 아니라 쓰기 때문에 참으로 알게 된다. 책을 쓴다는 것은 가장 잘 배우는 과정 중에 하나다.”라고 말한다. 작가는 모름지기 더 알고자 글을 쓰는 사람이다. 지식이 부족해서 글을 쓰는 사람이다. 그러기에 끊임없이 연구하고 배워야하는 사람이다.

일본에서는 10년 전부터 책쓰기 붐이 일어났다. 사람들은 모두 하나의 직업이 있으면서도 한 권의 책을 집필하고 작가가 되는 것이다. 평생직장의 개념이 없어지면서 노후대비로도 책쓰기 붐이 일어났다. 일본이 독서량이 높다는 것은 전 세계 사람들이 알고 있다. 독서량이 높음과 동시에 책쓰기 열풍은 출판시장에 다양한 책들을 쏟아놓게 하였고, 더 활발한 책시장이 형성되었다. 이런 점을 살펴보면 자신이 책을 출간하지 않았더라도 자신이 쓴 글이 작품이 될 수 있다. 누구나 작가의 옷을 입고, 작가의 시선을 가지고 글을 쓸 수 있는 것이다. 또한 작가는 한 분야의 최고가 되어 글을 쓰는 것이 아니다. 한 분야의 최고가 되기 위해서 글을 쓰는 것이다. 고로, 우리는 한 분야를 정복하기 위해서 글을 써야 한다.

작가의 옷을 입으면 시선이 달라진다

글을 쓰는 작가는 쉐프에 비유할 수 있다. 글을 쓸 때, 뼈대를 완성하고 살을 붙이면서 하나의 재료를 만들고, 소스와 양념을 통해 요리를 한다. 이렇게 만들어진 맛있는 요리를 독자들에게 전달하고, 독자들은 요리를 맛있게 읽는 것이다. 독자는 쉐프가 꾸민 글을 생선의 **뼈**를 발라 먹듯이, 꾸며진 살을 읽는다. 여기서 작가의 시선이라는 것은 요리된 살을 발라먹는 것이 아니라, **뼈대**를 찾는 것이다. 고등어의 **뼈**를 골라내듯, 작가의 시선으로 글의 **뼈대**, 즉 핵심을 파악해서 읽는 것이다. 글쓰기에 에너지를 쏟기 위해서 독서는 기본이다. 글쓰기 요리에 사용할 신선한 재료는 책 속에 숨어있다. 작가는 독서를 통해서 신선한 재료를 얻어 와야 한다.

필자는 집필 당시 매일 새벽 5권의 책을 읽고 집필을 하였다. 당시 직장인이었기 때문에 오전에 출근을 하였다. 그리고 퇴근 후에 또 다른 5권의 책까지 하루 10권의 책을 읽었다. 자취방을 함께 쓰던 후배가 속으로 '저 형이 저 책을 다 읽나'라는 의문을 품었다고 한다. 이때 **뼈대** 읽기를 통해서 책의 핵심을 빠르게 파악하였다. 작가적 관점을 가지면, 핵심읽기를 통해 **뼈대**를 빨리 파악할 수 있고, 이것은 자신만의 창조적인 글로 이어진다.

작가가 되고 자연스럽게 작가들과 소통하는 네트워크가 형성되었다. 공통적인 것은 그들이 작가가 될 것이라고 생각지도 못했다는 것이다. 그와 함께 자신의 삶 속 현장의 기록들을 글로 쓴 것이다. 청소년들의 꿈을 책으로 펴낸 〈괜찮아 꿈이 있으면 길을 잃지 않아〉를 집필한 백수연 작가, 영어와 다른 전공이면서 독학으로 영어를 공부하여 〈오로지 대한민국에서 영어두뇌 만들기〉를 집필한 최민석 작가, 모두 자신의 삶 속에서 체험한 것을 기록했고, 그것이 책이 되었다.

앤라모트는 "좋은 글쓰기는 진실을 말하는 것"이라고 하였다. 작가의 옷을 입은 사람은 진실만을 이야기해야 한다. 글을 쓴다는 것은 앞으로 올바른 삶을 산다고 선포하는 것이다. 거기다 책을 한 권 출판하여 흥행이 되지 않았더라도, 누군가는 집필한 책을 읽었을 것이다. 스스로가 글을 못 썼다고 평가하더라도, 누군가는 분명 감동을 받았을 것이다.

그런데 수많은 사람들이 감동을 받은 사람들에게 배신감을 전해준다. 평범한 사람이 대기업을 만들어 성공한 스토리가 책으로 나와 베스트셀러가 되기까지도 하였다. 그런데 그들이 각종 비리나 범죄를 저질러 뉴스에 나오면 읽었던 책에 배신감이 느껴진다. 수십 권의 책을 출간한 종교인이 성범죄를 저질렀다는 소식은 더 충격적이다. 심지어 사지가 절단이 된 장애를 극복하고 성공한 이야기를 써낸 사람의 책이 전 세계적으로 베스트셀러가 되어 국내에도 많은 사람들이 읽고 청소년들의 독후감 과제가 되었다. 그런데 그가 결혼 후 5명과 불륜을 저질렀다는 이야기를 들으면 엄청난 충격을 받을 수밖에 없다. 그러기에 글을 쓰는 이들은 책임감 있는 행동을 해야 한다.

작가의 옷은 책임감 있는 행동을 위한 옷이다. 글을 쓰는 사람들은 앞으로도 필사적으로 몸부림을 쳐야 한다. 작가가 되었다고 해서 마치 로또가 당첨된 것처럼 인생이 역전되고 신분이 상승되었다는 생각을 하면 안 된다. 이것은 필자에게도 해당되는 이야기

글쓰기부터 바꿔라

다. 필자는 앞으로도 이전과 동일한 삶을 살 것임을 다짐한다. 지속적으로 독서모임과 봉사활동을 할 것이며, 자기계발강연과 통일교육을 계속 할 것이다.

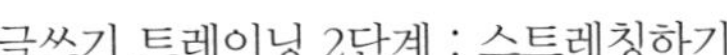

"독서를 무시하지 마라"

글쓰기훈련에서 준비 운동은 책 읽기이다. 헬스장에서 옷을 갈아입고 나서 해야 할 것은 스트레칭이다. 운동을 하기 전 스트레칭으로 몸을 풀어야 하듯이, 독서를 통해 글쓰기의 준비운동을 해야 한다.

운동선수가 스트레칭을 제대로 하지 못해서 부상을 당하는 것처럼, 작가는 독서를 제대로 하지 못해서 글쓰기를 못할 수가 있다. 글쓰기 교육을 진행하면서 '도저히 쓸 게 없어요.'라고 질문을 하는 사람들이 있다. 대부분 이들은 독서하지 않는 사람들이다. 글을 쓰는 이들에게 독서는 필수이며, 의무인 것이다.

쓰고 싶은 수준의 책을 읽어라. 내가 원하는 글을 쓰기
위해서는 독서라는 자양분이 필요하다. 즐겨 읽는 책과
동떨어진 글을 쓰기는 어려울 것이다.

〈잘쓰려고 하지 마라〉 메러디스 매런

글쓰기 몰입의 법칙

필자는 독서 교육을 진행하면서도 글쓰기에 대해 강조한다. 진정한 독서가는 글을 쓰는 사람으로 독서를 잘하기 위해서라도 글쓰기가 필요한 것이다. 윌리엄 서머싯몸은 "작가는 책 한 권을 쓰느라 몇 달을 보내며 자신의 진심을 쏟아 붓지만, 그 진심을 읽는 독자는 거의 없다." 라고 말한다. 글을 쓰는 것을 통해서 비로소 진정한 책 읽기가 될 수 있다.

〈독서법부터 바꿔라〉에서 주장하는 리딩타임은 책에 온전히 집중하는 시간을 이야기한다. 이어서 하루에 책에 몰입을 하는 지점을 리딩포인트라고 말하는데, 리딩타임과 리딩포인트는 글쓰기를 하는 시간과 몰입에도 똑같이 적용이 된다. 이것이 글쓰기가 안 될 때 독서를 해야 하는 이유다. 독서를 해도 글이 안 써지면 책을 필사하면 된다. 〈글쓰기의 최전선〉을 집필한 은유 작가는 "베껴쓰기는 무엇보다 엉덩이의 힘을 키운다. 글쓰기는 정신적인 영역이면서 육체적인 노동이다. 베껴 쓰는 동안 책상에 앉아 있으니 책상과 한 몸이 되어 무엇을 생산해내는 기쁨 체험에 익숙해질 수 있다." 독서와 필사는 글쓰기에 신선한 재료를 제공하면서 글을 잘 쓸 수 있는 엉덩이의 힘을 키워준다.

20대, 매년 100권 읽기가 목표

필자가 독서를 하게 된 특별한 계기가 있었다. 10대 시절 필자를 지도한 멘토가 숙제를 내주었다. 그것은 바로 한 분야당 10권씩 50권의 책을 읽으라고 하였다. 숙제는 의무가 아니었고, 또 안한다고 문제가 되는 것도 아니었다. 하지만 멘토의 이야기를 듣고 나서 해야겠다는 생각이 들었다. 책상 위에 목표를 붙이고, 한 권을 읽을 때마다 연필로 체크해 나갔다. 그렇게 10대에 50권의 책을 읽게 되었다. 다양한 분야의 책을 50권 정도 읽고, 20대가 되었다. 과제를 다 했다고 생각을 하였는데, 이제는 매년 100권의 책을 읽으라고 지시하였다. 특별한 독서교육을 받지 않은 채로 독서에 입문하였기에, 매년 100권의 책을 읽기란 정말 힘이 들었다. 1년에 100권이면 한 달에 9권, 한 주 2~3권정도 읽어야 한다는 뜻이다. 지금은 독서가가 되어서 하루 2권 이상 읽고 주말에 10권 정도 읽지만, 당시 한 주 1권을 읽기란 정말 힘들었다.

바쁜 대학생활에 가정형편이 그렇게 좋지 않아 주말에는 일을 하면서도, 시도 때도 없이 책을 읽었다. 대중교통을 이용할 때 독서를 하였고, 심지어 걸어 다니면서 책을 읽었다. 이런 경험이 이제는 걸어 다니며 글을 쓰게 된 계기가 된 것 같다. 그렇게 읽은 책이 20대에 어느덧 천 권이 되었다. 20대에 천 권의 책을 읽고 작가가 되어 국내 여러 곳에 강연을 다니고 있다. 어떤 때는 부산에서 비행기를 타고 서울로 가서 오전 강의를 마치고 인천에서 강의를

글쓰기부터 바꿔라

한 다음 부산에서 저녁 강의를 한 적이 있다. 20대 초반에는 필자의 이런 모습을 상상도 못했다. 독서를 통해 삶이 이렇게 바뀐 것이다. 이제, 30대의 목표는 다름 아닌 만 권을 읽는 것이다. 만 권의 책을 읽고 난 다음 변화된 필자의 40대가 기대된다. 또 이 글을 읽는 독자들이 기대된다.

간절함은 독서가로 거듭나게 해준다

삶을 뒤돌아보면서 진정한 독서가가 되었던 것은, 불안한 삶을 확실한 삶으로 바꾸고 싶은 간절함이 있었기 때문이다. 길버트 키스 체스터턴은 "책을 간절히 읽고 싶어 하는 사람과 마지못해 읽을 책을 가진 사람의 차이는 실로 엄청나다."라고 말한다. 간절한 마음은 진정한 독서가로 거듭나게 해준다.

독서는 삶의 핵심을 잡아주었다. 독서를 하면서 중요한 것은 책을 읽은 권수가 아니다. 독서를 통해 꽃피는 글과 삶이다. 올바른 독서는 올바른 글을 만들어내고, 그 글은 올바른 삶으로 이어진다. 우리는 올바른 삶을 위해서 글을 써야 한다. 또 올바른 글을 위해서 독서를 해야 한다. 그러기에 독서를 무시해서는 안 된다. 이것이 글쓰기에 관한 책을 집필하면서도 독서를 놓치지 않는 이유이며, 글쓰기 책에도 강조하는 이유이다. 이렇게 글을 쓰면서 필자의 마음에 다짐을 한다. 이제 독서는 삶 그 자체가 되었기 때문이다.

"가능한 많이 읽어야 한다. 그게 글 쓰는 방법을 배우는 최선의 길이다."라고 고백한 수전 올리언의 말처럼 독서는 최선의 글쓰기 방법이다.

특별히 필자의 삶을 감동시킨 30권의 책을 정리하였다. 이 책들은 슬럼프가 오면 읽는 경우도 있고, 매달 초 한 달을 시작할 때 동기부여를 위해서 읽는 경우도 있다. 30권의 책 중에 어떤 책은 50독 이상을 하여 5분 만에 읽는 책도 있다. 지속적으로 반복해서 읽고 있다.

책을 읽은 것을 정리하게 하는 것이 글쓰기이다. 30권의 목록을 반복해서 읽어서 이제는 암송하는 수준에 이르렀지만, 평소에 읽은 책은 전혀 생각나지 않을 때도 있다. 그렇더라도 글을 쓰다 보면 내면 깊숙이 담아놨던 책의 내용이 기억이 난다. 글을 쓰면서 기억력이 회복되는 마법이 생기는 것이다. 이것은 읽은 내용을 다 기억하느냐에 대한 답이 될 수 있다. 〈센스있게 책읽기〉 저자 프랭크 스미스는 '우리가 읽은 내용을 기억하려고 노력하는 것은 책 내용을 이해하는 데에는 방해가 된다.'라고 전한다. 너무나 많은 것을 기억하려고 할 필요가 없는 것이다.

필자는 오히려 독서를 통해 읽은 것을 잊어버리라고 한다. 독서는 암송하거나 외우는 것이 아닌 읽는 자체를 즐기는 행위이다. 내용에 대해서 전혀 부담을 가질 필요가 없다.

무엇보다도 글을 쓰면서 이전에 읽었던 책의 내용이 떠오르면

글쓰기부터 바꿔라

그보다 큰 짜릿함이 없다. 그 짜릿함을 느끼려고 글을 쓰는 것이고, 그래서 독서를 하며 잊어버리라고 하는 것이다. 이 글을 읽는 이들도 그 짜릿함을 느껴보길 기대해본다.

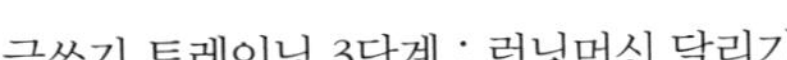

"단어를 던져라"

완벽한 청소를 위해서는 청소할 곳의 물건들을 다 꺼내야 한다. 각종 집기류를 꺼내서 바닥부터 청소해야 하고, 책상 위를 청소하기 위해서는 책상의 물건들을 다 치우는 것부터 시작해야 한다. 이어서 물건들을 재배치해야 한다.

완벽한 글쓰기를 위해서도 이와 같은 작업이 필요하다. 자신이 생각하는 단어들을 꺼내야 한다. 글을 쓰고자하는 주제에 관한 단어들을 머릿속에서 꺼내는 것이 우선이다. 이를 단어 던지기라 한다. 단어던지기의 순서는 다음과 같다.

1. 하나의 주제를 정한다.

2. 5분간 단어 던지기를 한다.

3. 모든 단어를 글로 적을 필요는 없다.

4. 잘못된 단어는 없다. 잘못된 단어 역시도 좋은 글로 이끌어 줄 것이다.

단어 던지기란, 투수의 피칭과 같다

단어 던지기란, 일종의 투수가 타자를 향해 공을 던지는 피칭이라 할 수 있다. 출판사에 원고를 투고할 때도 피칭이란 표현이 쓰인다. 글을 쓰기 위해서는 타자의 방해를 넘어 포수 글러브에 공을 던진다는 집념으로 집중해야 한다.

실패를 두려워할 필요가 없다. 농구선수가 골대에 공이 들어가지 않을까봐 공을 던지지 않으면 실패할 확률도 없지만, 성공할 확률도 없다. 평생 골을 넣지 못한다. 골대에 공을 던지면 실패할 확률도 있지만, 반면에 성공할 확률도 있다. 성공의 확률은 연습량에 따라서 달라진다. 실패 할수록 계속 던져야하는 것을 알 수 있다.

단어던지기는 또 다른 단어를 낳는다. 하나의 주제로 단어들을 피칭할 때, 파급력이 생겨 또 다른 단어를 떠오르게 한다. 이것이 단어던지기의 마법이다.

글이 써지지 않을 때는 카페에 앉아 노트에 단어만 꺼내드 된다. 노트에 단어만 주구장창 꺼내놓고, 그 노트를 활용해서 글을 쓰기만 하면 된다. 단어던지기를 하다가 떠오르는 문장은 짧게 적어놓는다. 짧은 문장은 축약된 의미가 담겨 특별한 문장이 아니더라도 글쓰기에 매우 유용하다. 하나의 단어에 축약된 의미를 쓰는 연습을 하라. 스치는 기억 속에 글쓰기의 재료들을 붙잡아 둘 수 있을 것이다.

피칭으로 모인 단어는 글쓰기의 종합선물세트

피칭을 통해서 어떻게 해서든 모인 단어는 글쓰기의 종합선물세트가 된다. 다음 작업으로 선물을 열어 분류만하면 되는데, 이를 '제로드레프트 쓰기'라 부른다. 제로드레프트 쓰기는 던져진 단어들을 수집하여 하나의 주제로 연결시키는 과정이다. 컴퓨터로 복사와 자르기, 붙여넣기를 반복하다가 자료를 날린 적도 있다. 이제는 노트나 용지를 활용한다. 포스트잇이나 띠지를 활용해서 마음껏 표시를 남긴다. 이런 표시는 글을 찾을 때 도움이 된다.

글을 쓰다보면 한 주제를 쓰다가도 다른 주제가 떠오르는 경우가 있다. 다른 주제가 떠오르면 잡생각이라 생각하고 무시하기 마련이다. 필자는 자연의 흐름에 따라 두 번째 주제의 글을 쓰기 시작한다. 머릿속 떠오르는 생각들이 모여 글쓴이를 만족시킬 분량을 만들 수가 있다.

제로드레프트 쓰기는 막힘없는 글쓰기를 선사한다. 글을 쓰면서 막힐 때, 한 단어만 있어도 글이 풀리는 경우가 있다. 글을 쓰면, 한 단어가 실마리를 풀어 가는데, 그 단어가 떠오르지 않아서 복잡하게 생각하는 것이 오히려 글쓰기를 막다른 골목으로 인도한다.

단어를 뛰어넘어라. 단어던지기를 통해서 나온 단어들을 활용하여 막다른 벽을 뛰어넘어라. 글을 쓰다가 흐름에 막힌 사람보다 불쌍한 사람이 없다.

자신의 단어를 철저히 신뢰하라. 일단 쓰고 보는 것이다. 자신이 내놓은 단어들을 활용해서 일단 쓰고 보는 것이다. 반복해도 상관없다. 자신이 쓰고자하는 내용과 달라도 상관없다. 주제와 어긋나도 문제없다. 자신이 내놓은 단어를 철저히 신뢰하기 시작할 때, 비로소 글쓰기의 뮤즈, 진정한 글쓰기가 시작되는 것이다.

단어들을 잘 쓰기 위해서 사전읽기가 도움이 될 때도 있다. 어느 작가는 책보다 사전을 보는 것을 좋아한다. 사전 공부는 글쓰기에 도움이 된다. 오타를 쓴다거나, 잘못된 표현을 쓰는 것을 방지할 수 있기 때문이다.

단어던지기 훈련을 하면 글쓰기가 재밌다. 세상의 모든 단어에 관심을 가지기 시작한다. 어떠한 주제를 쓰기 위해서 특별한 단어에게 노크하게 된다. 때론, 지나가는 기억 속에 담긴 단어들이 자신을 써달라고 손짓을 한다. 글쓰기의 완벽한 설렘의 시작인 것이다.

생각들의 단어들이 떠올라 글을 쓰다보면, 손이 안 따라줄 때가 있다. 연필로 노트에 쓰는 것이 느리고, 컴퓨터에 타이핑이 늦는 경우도 있다. 글쓰기에 입문하는 이들이 이런 상상을 하면 정말 행복할 것이다. 자신이 생각하는 글들을 퍼붓는 신들린 글쓰기, 이런 쾌감을 한 번 경험하라. 자신이 글을 쓰는데, 자신이 쓰는 그 어떠한 도구보다 더 빨리 쓰게 되는 것이다. 단어던지기를 통한 제로드레프트 쓰기의 쾌감이다.

이것을 위해서 우리는 매일 매일 단어를 뽑아내는 훈련을 해야
한다. 글쓰기는 영감을 받아서 쓰는 것이 아니다. 영감이라는 것은
글을 쓰면서 받는 것임을 기억해야 한다. 단어를 던질 때는 노트의
줄 따위에 신경쓸 필요가 없다. 필자는 일부로라도 줄을 비켜서 쓴
다. 그것이 더 창의적이기 때문이다. 더 좋은 단어가 떠오르기 때
문이다. 노트의 줄을 신경 쓰는 것이 단어를 배출하는 것을 방해한
다. 글을 쓰는 것을 통제하는 것은 자신이라는 것을 기억하라. 당
신은 글을 통해 진정한 자유를 만끽할 수 있다.

"힘 있는 글쓰기"

글은 삶과 일치할 때 강력한 힘을 가진다. 삶으로부터 얻은 생각이 힘 있는 글쓰기의 출발점이다. 그래서 글쓰기를 위해서 삶의 터전에 나가야 한다. 서재에 쳐 박힌 찌든 삶에서는 절대 힘 있는 글을 쓸 수 없다. 거친 삶을 경험하고 얻은 아름다운 결실이 강력한 힘을 가진다.

글쓰기는 삶의 여유를 가져다준다

필자는 약속시간에는 20분 정도 일찍 나간다. 약속시간에 촉박해져서 생기는 초조함보다는 기다림의 여유를 즐긴다. 작가가 되고 나서는 약속시간에 먼저 나가 기다리는 시간에는 항상 글을 쓴다. 노트와 연필 하나만 있으면 전혀 무료하지가 않다. 글을 쓰고 있으면, 필자가 세상의 중심이 된다. 글을 쓰는 시간이 너무 행복해서 시간가는 줄 모르고 놀이터에서 뛰어노는 아이들처럼 글쓰기의 매력에 흠뻑 빠져든다.

이 글을 쓰는 순간도 누군가를 기다리며 글을 쓰고 있다. 필자의 〈독서법부터 바꿔라〉를 읽고 메일을 주고받으며 인연이 된 사람을 기다리고 있다. 갑작스러운 회의가 잡혀 약속시간이 늦춰졌는데, 미안해하며 전화가 왔지만, 필자는 오히려 기뻐했다. 약속을 기다리는 동안 실컷 글을 쓸 수 있는 것이다. 글쓰기를 통해 삶의 여유가 허락되었다. 이것이 글쓰기의 매력이다.

약속한 사람을 기다릴 때, 약속 당사자에게 아예 장소를 지정하고 눌러 앉아 글쓰기에 완전히 몰입하는 것을 경험할 수 있다. 글쓰기에 몰입하면 주변 상황이 전혀 보이지 않는다. 글을 쓰기 시작하면, 모든 의식이 집중된다. 모든 상황이 소재거리로 바뀌고, 글쓰기의 환상에 빠져버린다. 그러다 약속한 지인이 도착하면 내심 아쉽다. '아 조금만 더 늦게 오시지……'라는 생각이 든다. 이런 필자를 아는 사람은 약속 시간이 늦어도 미안해하지 않게 되었다. 글쓰기를 통해 사람과의 관계도 여유가 생긴 것이다.

어떤 작가는 글을 쓰는 기간에는 모든 연락을 끊어버리고 소통을 단절한다. 그들은 글쓰기가 세상과 단절시키는 도구이다. 그러나 필자는 다르게 생각한다. 필자에게 글쓰기는 사람과 관계를 개선시키는 도구이다. 쓰는 이들과, 읽는 이들을 연결해주는 소통의 도구이다.

존재의 가치를 확정해라

글을 쓰는 사람은 존재의 가치를 확실하게 확정해야 한다. 톨스토이는 "내가 어떤 존재이고 왜 여기 있는지 알지 못한다면 인생을 살아갈 수 없다."라고 말하였다. 자신의 존재를 확실하게 하기 위해서 기억상자를 탐색하자.

상상속의 상자가 자신의 기억이라고 생각하고, 기억을 하나씩 꺼내는 것이다. 기억상자 속에는 어떤 물건들이 있는가? 사람일 수도 있고, 장소가 될 수도 있다. 음식일 수도 있고, 화려한 도시나 즐거운 추억일 수도 있다. 또 독서하는 기억일 수도 있다. 만약에 기억상자에 들어가 과거로 간다면, 어떤 일들이 펼쳐질 것인가. 자신이 기억하는 것이 때때로 정확하지 않다는 생각이 글쓰기를 방해하는 경우가 있다. 〈하버드 글쓰기 강의〉 저자 바버라 베이그도 "내가 기억하는 내용이 실제로 일어났던 일과 똑같다고 확신해야 합니까?"나, "같은 경험을 한 다른 사람도 저와 똑같이 기억할까요?"라는 질문을 받는다. 이런 의문이 생길 때마다, '부정적인 두뇌가 자꾸 나의 글쓰기를 방해하는 군'이라고 생각하고 무시해야 한다. 두뇌의 말을 무시하고, 손으로 글을 써내려가야 한다. 부정적인 생각을 통해 쓰는 글보다 그 생각을 무시하고 자유롭게 쓰는 글이 훨씬 더 좋은 글을 써낸다.

감사하게도 신호위반 단속 카메라와 같이 글쓰기를 단속하는 장치는 없다. 그러기에 우리는 마음껏 글을 쓸 수 있다. 자신이 쓰는 지극히 주관적이며, 명확하게 기억하지 못해도 된다. 이런 내용을 토대로 우리는 마음껏 글을 쓸 수 있다.

당신의 글이 강력한 힘을 가지기 위해서는……

똑같은 도구가 주어지더라도 어떻게 활용하느냐에 따라서 도구의 가치가 달라진다. 메모지, 연필을 똑같이 지급하더라도 미술가는 그림을 그릴 것이고, 글을 쓰는 작가는 글을 쓸 것이다. 시인은 시를 쓸 것이고, 소설가는 소설을 쓸 것이다.

낙서나 자신만 알고자 하는 일기쓰기는 아무런 힘을 가지고 있지 않다. 그러나 자신의 글로 누군가가 위로를 받고, 용기를 얻는다면 힘 있는 글이 된다. 더 나아가 주변 사람들을 바꾸고, 세상을 바꾸는 글쓰기가 되면, 강력한 힘을 가진 글쓰기가 된다.

또한 글은 작가가 어떤 삶을 사느냐에 따라서 다른 힘을 가진다. 필자는 힘 있는 글을 쓰기를 위해서 올바른 삶을 살고자 노력하며, 세상을 바꾸는 꿈을 가지고 있다. 그래서 그런 일에 동참하고 있다. 수입이 생기면 지속적으로 기부를 하고 있다. 최근에는 인도의 빈민가 아이를 위한 결연을 하였다. 또 독서모임을 통해 지속적으로 저소득층 아이들을 위한 독서교육을 하고 있으며, 백혈병 어린이 돕기와 빈민가 도서관 짓기 등 다양한 기부 프로젝트를 진행하고 있다. 이것이 필자의 글쓰기를 강력하게 하는 힘이 되고 있다.

천재일 필요는 없다. 필요한 건 인내심이다. 한 사람을 작가로 만드는 것은 오직 '글을 쓰는' 행위다. 의자에 앉아라. 매일 매일, 어떤 핑계나 변명도 대지 말고, 잭 런던이 말한 것처럼 "빈둥거리면서 영감이 찾아오길 기다리지 마라. 대신 몽둥이를 들고 그 뒤를 쫓아라." 헤밍웨이의 결론은 이렇다. "매일 작업하라. 어젯밤에 무슨 일이 있었는지, 일어나서 미루지 말고 써라."

〈끌리는 이야기는 어떻게 쓰는가〉 리사 크론

이제 거친 삶을 살고 의자에 앉아라. 거친 삶을 살고 난 뒤어 글을 쓰기 시작하면, 글을 쓰면서 빈둥거리거나 다른 생각을 하는 시간이 너무나도 아깝다. 삶의 여유를 가지고 글쓰기에 몰입하라. 삶과 글을 동일하게 만들어라. 그것은 분명 자신의 삶을 정리하게 해주고 위대한 결과물을 만들어 낼 것이다.

"예술적으로 고치기"

명문대 교수이면서 청춘들을 위로하는 책을 집필한 작가가 있다. 그는 자신이 집필한 글을 동료들과 제자들 200여 명에게 보여주었다. 그리고 오타나 교정을 보게 하였고, 책으로 출판되었다. 물론 그가 쓴 글이 좋았지만, '대대적인 수정' 과정 역시도 한몫이 되어 많은 청춘들을 위로한 작품이 되었고, 베스트셀러가 되었다. 베스트셀러를 보면 베스트셀러만큼의 노력이 있었던 것이다.

초고를 쓰면서 당신이 읽고 아꼈던 책만큼 쓰기를 기대하지 마라. 출판된 책을 읽는 독자들이 모르는 것은 출판되기 전에 그 원고를 스무 번이나 서른 번 쯤 고쳤다는 사실이다. (오헨리상수상자 월터 모즐리)

〈잘쓰려고 하지마라〉 매러디스 매런

글쓰기에서 필력보다 중요한 것은 '예술적으로 고치기'이다. 헤밍웨이는 '노인과 바다'를 집필하면서 무려 200번 이상 고쳤다. 그런데 자신이 쓴 글을 누군가에게 보여주는 것은 참 부끄러운 일이다. 필자는 초고를 특정한 사람들에게만 보여주는데, 이때 마치 옷을 홀랑 벗고 모르는 사람 앞에 서는 기분이다.

누가 뭐라고 해도 글을 쓰는 맷집을 가져라!

자신이 쓴 글을 누군가에게 보여주려면 필요한 것이 비판적인 이야기를 견딜 수 있는 '맷집'이다. 책을 출간하면 베스트셀러가 되는 작가도 안티가 있다. 매년 수십 권 책을 출간하는 작가도 안티가 있다. 그들은 악플을 다는 사람들을 보는 것이 아니라, 그들이 쓴 글을 통해 용기를 얻고 희망을 가지는 사람들을 본다. 그들을 보면서 글쓰기의 가장 중요한 것은 그 누가 뭐라고 해도 글을 쓸 수 있는 자신감이다. 그러기에 자신의 글에 대한 확신, 누가 뭐라고 해도 이겨낼 수 있는 맷집이 필요하다.

혹시, 누가 뭐라고 하면 눈뜨고 맞으면 된다. '나는 그래도 글을 쓰는 것이 너무 좋다'라고 대답하면 된다. 위대한 작품을 만들기 위해서는 그 정도 수모를 견뎌낼 수 있어야 한다. 과정 중 하나라는 것을 기억해야 한다.

형편없는 작품을 써라!

필자는 습작을 쓰레기작으로 앞에서 표현하였다. 모든 글은 쓰레기작에서 출발하는 것이다. 쓰레기작을 쓰다보면, 그것이 습작이 되고, 작품이 된다. 그러기에 형편없는 글을 써야 한다. 자신이 쓴 글이 하염없이 부족하게 보여도, 계속해서 써야 한다. 자신이 쓰는 만큼, 완성도 높은 작품이 만들어지기 때문이다. 그러기에 글을 쓰는 사람들은 글쓰기를 멈추어서는 안 된다.

> 씁쓸한 마음으로 '삭제' 키를 누르기 전에, 당신은 이런 현상이 누구에게나 일어나는 것임을 알아야만 한다. 글쓰기는 하나의 과정일 뿐이다. 한 번의 원고로 이야기의 모든 문제점을 해결한다는 것은 거의 불가능하다. 자책할 필요는 없다. 당신 잘못이 아니라 원래 그런 것이다. 성공한 모든 작가의 공통점이 하나 있다면, 그것은 그들이 다시 쓴다는 점이다. 경험에 비추어보면 성공하는 작가들과 그렇지 못한 작가들의 차이점은 문제가 있는 부분을 찾아내어 고칠 수 있는 인내심의 유무다.
>
> 〈끌리는 이야기는 어떻게 쓰는가〉 리사 크론

다행히 우리는 글을 쓴 것을 쉽게 수정할 수 있는 시대에 살고 있다. 연필로 쓴 것은 지우개로 수정할 수 있고, 펜으로 쓴 것은 화이트로 지울 수 있다. 컴퓨터로 작성하면 Del키 하나로 쉽게 지울 수 있다.

아무리 생산적으로 글을 썼다고 해도, 고칠 부분은 반드시 있다. 필자는 한 꼭지가 완성되면 프린트를 해서 살펴본다. 목소리로 읽어보기도 한다. 오타나 수정할 부분을 펜으로 체크하고, 다시 수정한다. 이 수정한 것을 지인들에게 한 번 보여주는데, 이렇게 3번 정도의 수정과정을 거쳐도 고칠 것이 존재한다.

수정하는 동안 필자가 진행하는 독서모임에 원고를 프린트하여 보여준 적도 있다. 필자가 쓴 내용을 가지고 책이 시중에 나오기 전에 미리 토론을 해보는 것이다. 이를 통해 사전 반응을 살피고, 수정할 내용을 검토해보는 것이다. 이때, 반응을 잘 살펴야 한다.

탈고를 하기 전 고치는 작업은 굉장히 중요하다. 집필이 끝나고 출판사로 넘겨서 책으로 출간이 되면 수정하기가 어렵기 때문이다.

책 한 권에 수많은 사람들의 영혼을 담아라

자신의 작품에 헌신 이상의 영혼을 담아라. 필자는 이 책의 서두와 에필로그에 이 책과 함께하는 이들에게 감사의 인사를 담았다. 이 책은 혼자만 집필한 것이 아니다. 물론 컴퓨터 앞에서 자판을 두드리는 것은 필자 혼자이지만, 함께하는 이들이 응원을 해주고 있다.

심지어 한 챕터가 완성되면 이들에게 즉시 공유하여 수정을 거쳤다. 그 수정작업을 20여 명의 사람과 지인들이 함께 해주었다. 함께하는 이들의 숨결이 담겨있기 때문에 이 책을 더 소중하게 생각하고 있다.

> "작가들은 대개 작품 하나를 쓰면서 두 번 행복을 맛본다.
> 한 번은 굉장한 아이디어가 떠올랐을 때이고,
> 다른 한 번은 마지막 장까지 다 썼는데,
> 자기 작품이 거지같다는 것을 아직 깨닫지 못했을 때이다."
>
> - 조셉 프리슬리

첫 번째 책에는 무수히 많은 오타가 있었다. 그 예로 '해리포터'를 '해피포터'라고 아주 당당하게 기록했다. 이렇게 오타를 써낸 사람이 글쓰기 관련 책을 집필하고 있다. 부끄럽지만, 누군가에게 용기를 전해줄 수 있는 사례라고 생각한다. 이제는 필자가 집필한 글을 마음껏 보여준다. 오타가 있을지라도 부끄러워하지 않고 공유한다. 책이 나오고 지적받는 것보다 훨씬 더 감사하기 때문이다. 이것이 완성도 높은 작품을 위한 진정한 예술적 고치기이다. 절대로 당신 혼자만 글을 쓰지 마라. 당신과 함께하는 이들의 시선과 숨결을 당신의 글에 담아라. 그것이 예술적 글쓰기이다.

Thursday 키워드 '극단적인 상황'

목요일에는 '극단적인 상황'을 상상해보자.
극단적인 상황이이 생겨서 일어나는 이야기를 써보는 것이다

목요일에는 '극단적인 상황'을 상상해보자.
극단적인 상황이이 생겨서 일어나는 이야기를 써보는 것이다

글 쓰 기
부터 바꿔라 2

가슴 뛰는 글을 쓰는 기술

살아있네?
글쓰기가 살아있네?

살아있는 글을 쓰려면 움직여야 한다. 자갈치 수산시장에서 큰 대야에서 빠져나온 물고기가 펄떡이듯이 마치 그 장면을 사진작가가 순간적으로 포착했을 때, 사진 속 물고기가 살아있는 것을 느끼는 것처럼 글을 써야 한다. 이런 글을 쓰기 위해서는 수산시장에 직접 나가야 한다. 가만히 앉아서 순간의 살아있는 장면을 포착할 순 없다.

어떤 이들은 글쓰기를 엉덩이 싸움이라고 한다. 끊임없이 고뇌에 빠져 산모의 고통을 통해 하나의 작품을 만드는 것이라고 한다. 그래서 수많은 사람들이 한 권의 책만 출간하고 조용히 사라진다. 그들은 다른 사람들이 자신에게 '작가'라는 존칭을 하는 것을 좋아한다. 그러나 다시 글을 쓰는 것은 싫어한다.

필자는 감동을 받은 책을 만나게 되면, 그 책을 집필한 저자의 모든 책을 다 읽는다. 그들이 처음 출간한 책이 만약에 절판이 되었으면 중고서점이나 다른 지역의 도서관까지 검색해서 찾는다. 절판이 된 책부터 최근에 집필한 책까지 읽으면, 한 사람의 성장하는 필력을 알 수가 있다.

그런데 한 권의 책을 내놓고 다음 책이 나오지 않는 사람들을 보면서 의문에 빠졌었다. 필자같이 분명 책을 읽고 감동받은 독자들이 기다리고 있을 것인데, 왜 다음 책을 쓰지 않는가에 대해서 고민한 적이 있었다. 이 고민은 책을 출간하고 금방 사라졌다. 글쓰기가 쉽지 않은 것이다.

글쓰기는 엉덩이로 이름 쓰는 벌칙이 아니다

필자는 글쓰기가 고통스럽다는 표현을 싫어한다. 마치 어릴 적 엉덩이로 이름을 쓰는 벌칙에 걸려서 민망해하는 것과 같은 생각이다. 글쓰기는 고통의 산물이 아니다. 신이 주신 선물이기도 한 글쓰기는 행복과 설렘이 가득한 활동이다. 글쓰기를 더 이상 엉덩이로 이름 쓰는 벌칙으로 생각하지 말자.

글을 쓴다고 서재에 앉아 메모장이나 컴퓨터 화면만 보다보면 어느 순간 정신이 멍해져간다. 이럴 때면 당장 자리를 박차고 밖으로 뛰어나가야 한다. 세상에 나가 하늘을 보고 자연을 보라. 그 속에서 생명이 살아있는 것을 느껴야 한다. 자연의 살아있음을 글로 담으면 된다.

　필자가 글쓰기의 고뇌에 빠져있었을 때, 아내가 호텔을 예약해 주었다. 거기는 해운대 바다가 보이는 호텔로, 필자가 자주 이용하는 바다가 보이는 도서관보다 환상적인 장소였다. 첫 책을 집필할 때는 원룸과 도서관을 이용했다면, 두 번째 책을 집필하면서 호텔도 이용하게 되는 일을 경험했다. 물론 호텔은 돈을 지불해야 하는 곳이기에 자주 이용할 수 없는 게 흠이었지만, 이번 만큼은 자유를 만끽하였다.

　바다가 보이는 아름다운 곳에서 글을 쓰고 있으면 너무나 행복했다. 서재에서만 글을 쓰다가, 바다의 움직임부터, 빛나는 햇살과 끝없는 수평선은 답답한 사고를 뚫어주기에 충분했다.

어릴 적에는 꿈의 해변에서 마음껏 뛰어 놀았다.
해변의 모래가 옷에 묻어도 상관없었다. 뜨거운 햇살이
살을 태워도 전혀 개의치 않았다. 해변에서 뛰어놀듯이,
현실 속에서도 마음껏 꿈을 꾸는 것이 문제가 되지 않았
다. 현실보다 더 큰 꿈, 그래서 어릴 적엔 대통령, 우주
비행사, 과학자를 꿈꾼다.
어른이 되고 나니 해변에서 뛰어놀기 전에 청결을 먼저
신경 쓴다. 부지런히 썬크림을 바르지만, 살이 탈까봐
걱정이 된다. 마치 현실 속에서 꿈꾸는 일은 사치이자
걱정거리이듯이 눈앞에 보이는 현실은 꿈을 향하는 발

걸음을 제한한다.

펄떡거리는 물고기와 같은 글을 써라

이곳을 체험하면서 꿈의 해변을 느끼고, 글쓰기는 더 이상 답답한 서재에서 쓰는 것이 아니라는 생각을 가졌다. 글쓰기는 세상 속에서 쓰는 것이다. 필자가 글을 쓰기 위해 세상으로 나왔을 때, 설렘이 가득한 살아있는 글쓰기가 시작되었다.

필자는 책을 집필하는 중에 인도 여행을 다녀왔다. 한참 글쓰기 슬럼프에 빠져있던 시기였다. 여행 일정을 준비하면서 혹시 여행이 집필 활동에 방해가 되지 않을까라는 생각도 들었다. 원고마감일이 다가오는데도 작가 인생의 방향성을 생각하기 위해서 여행을 다녀왔다. 여행을 하는 중 부단히 글을 쓰려고 노력을 하였다. 여행을 통해서 글쓰기 슬럼프를 극복하는 계기가 되었고, 여행을 다녀오고 훨씬 글을 잘 쓰게 되는 계기가 되었다.

미국 방송작가인 글로리아 스타이넘은 "글을 쓰고 있을 때 나는 이것 말고 뭔가 다른 일을 하고 있어야 하는 것이 아닌가 하는 생각이 들지 않는다."고 하였다. 글을 쓰면서 다른 일이 아닌 글에만 집중할 수 있는 것이 얼마나 행복한 일인가. 아무도 방해하지 않고, 혼자만 허락된 공간에서 글을 쓰고 있으면 오히려 온갖 잡다한 생각이 떠오른다. 그럴 때는 움직여야 한다.

그래서 필자가 진행하는 행복한 글쓰기학교는 끊임없이 움직인다. 누군가는 글쓰기 모임이 정적인 모임으로 착각해서 온 사람들이 있다. 이 생각은 오산이다. 글쓰기 수업은 생각을 계속 움직이게 하고, 몸을 계속 움직이게 해야 한다. 한 날은 지정된 장소까지 대중교통을 이용하며 보았던 장면들을 보며 소재를 만들어야 하고, 어린 왕자가 그려진 벽화마을에 가서 자신만의 어린왕자를 창조해야 한다. 더 나아가 세상에 나가서 자연을 보면서, 살아 숨 쉬는 글을 써야 한다.

> 심장을 뛰게 만드는 책은 당신의 눈물이 묻어나는 책이다. 눈물 속의 고통과 위로, 그리고 살아남은 이야기가 고객의 심장을 뛰게 만든다. 문장의 기교가 아니다. 멋진 어휘를 구사한다고 해서 심장을 뛰게 할 수는 없다. 언어의 유희가 아닌 당신의 눈물을 책 속에 담아야 한다.
>
> 〈이젠, 책쓰기다〉 조영석

자, 이제 서재를 벗어나자. 살아있는 글쓰기를 위해 글쓰기의 제한을 두지 말라. 살아있는 글쓰기는 멋진 어휘나 문법이 아니다. 자신이 직접 느낀 것을 글쓰기에 생생하게 담는 것이다. 당신의 글이 나무토막이 아니라 살아서 펄떡거리는 물고기가 되길 기대해 본다.

글쓰기부터 바꿔라

한 줄의 힘,
미라클마인드

수백페이지가 넘는 책이라도 감동이 없는 글이 있다. 반면 한 즐이라도 사람들의 가슴을 후벼 파고 마치 심장에 파스를 붙여놓듯이 지속적으로 감동을 전하는 글도 있다. 감동의 글은 그냥 써지는 것이 아니다. 프랑스 소설가 쥘 르나르는 "강한 자는 망설이지 않는다. 굳건히 자리를 잡고, 땀을 흘리며, 끝을 향해 나아간다. 잉크를 다 써서 없애고, 종이를 모두 써버린다."라며 강한 사람의 글쓰기를 대변했다.

위인들이 남긴 명언에는 삶의 가치가 담겨있다. 우리나라의 대표적 위인인 안중근 의사는 "하루라도 독서를 하지 않으면 입안에 가시가 돋는다."라는 말을 남겼다. 그는 죽음 앞에서도 신념을 버리지 않았다. 사형 집행 전 소원을 물었을 때, "5분만 시간을 주시오. 책을 다 읽지 못했습니다."라는 유명한 일화가 있다. 그들이 남긴 말은 책 한 권 이상의 가치가 담겨져 있다. 쓰는 이의 삶을 통해 책 한 권보다 더 큰 감동을 전해 준다.

어떤 사람은 한 줄에 가치를 담기 위해 1년간 고민한다는 이들도 있다. 사실, 책 한 권 이상의 가치가 담긴 한 줄을 쓰기란 굉장히 어렵다. 그래서 필자가 만든 것이 '미라클마인드'라는 것이다.

필자는 독서모임에서 '미라클마인드'라는 프로젝트를 진행하였다. 매일 명언을 따라 쓰고 자신만의 명언을 만드는 것이었다. 명언을 통해 위인들이 느꼈던 세상을 체험해보고, 그들이 삶 속에서 느낀 거친 숨결을 피부로 느끼며, 그들의 고백을 통해 자신의 심장을 찌르는 듯한 경험을 체험한다. 그리고 그들의 삶을 미라클마인드를 통해 새로운 시선으로 재편집하는 것이다.

우리는 삶의 가치 있는 명언들을 책을 통해 만날 수도 있고, 스마트폰의 검색을 통해서도 만날 수 있다. 그들의 삶을 언제든 엿볼 수 있는 것이다.

번호	날짜	미라클마인드	별점
1	4. 24	"책 속에 모든 과거의 영혼이 잠긴다. 오늘의 참다운 대학은 도서관이다." 칼라일 "칼라일씨, 그때도 참다운 대학은 도서관이었나요, 아직도 참다운 대학은 도서관입니다. 미래에도 그럴 것 같군요." (강은주)	★★★★★

위의 글은 독서모임 참여자인 강은주 씨가 칼라일의 글을 보

글쓰기부터 바꿔라

며 자신만의 글을 만든 것이다. 이렇게 매일 명언을 보고 자신간의 명언을 만드는 것이다. 미라클마인드를 작성하는 방법은 다음과 같다.

1. 우선, 위인들의 명언을 필사할 것.

2. 5분 안에 자신만의 명언을 만들어 볼 것.

3. 깊이 생각할 필요는 없으나, 연필을 사용할 것.

4. 자신이 작성한 글을 보며 스스로 별점을 측정해서 색칠해볼 것.

번호	날짜	미라클마인드	별점
1	4. 24	"처음 책을 읽을 때에는 한 사람의 친구와 알게 되고 두 번째 책을 읽을 때에는 옛 친구를 만난다." (중국 속담) "처음 책을 읽을 때에는 나의 꿈을 발견하고, 두 번째 책을 읽을 때에는 나의 꿈을 현실로 만든다." (서영)	★★★★☆

위의 글은 서영 씨가 중국속담을 보고 쓴 글이다. 본인만의 새로운 글을 매일 만들어 낸다. 미라클마인드는 커뮤니티에 매일 공유되면서 새로운 명언을 만드는 운동이 펼쳐지고 있다.

제가 읽고 배우고 경험하고 접한 모든 것들이 제 머릿속에서 인용되고 융합되어, 제 의식이 되어, 사고 속으로 파고들어와서 새로운 남다른 시각으로 재정리가 된 것

뿐이라고 생각합니다.

〈지의 편집공학〉 마쓰오카 세이고

빌게이츠는 스스로 매일 두 가지의 최면을 건다고 한다. 하나는 '오늘은 왠지 큰 행운이 나에게 있을 것 같다.'라는 것과 또 하나는 '나는 뭐든지 할 수 있어'라는 것이다. 세계최고의 부자인 빌게이츠도 매일 스스로 최면을 건다. 미라클마인드도 매일 써야 기적이 일어난다.

무슨 일이든 100번을 해야 기적이 이루어진다. 필자는 작가로 데뷔하기 전 블로그에 100일간 매일 꿈을 쓰는 꿈모닝프로젝트를 진행한 적이 있다. 100일 동안 매일 꿈을 쓰고 나서 뒤돌아보니 꿈들이 이루어지기 시작했다. 그리고 필자에 이어서 꿈모닝을 시작하는 사람들이 생기기 시작했다. 부산에서 꿈모닝서포터즈를 모집하여 40여명의 참여자들이 꿈모닝을 쓰는 일에 도전하고 있으며, 현재 전국적으로 100명이 넘는 사람들이 꿈모닝프로젝트를 시작하고 있다. 이와 같이 미라클마인드도 100일간 도전하고 있다. 이번에는 필자 혼자만 하는 것이 아니다. 미라클커뮤니티 멤버들과 함께 진행하고 있다. 매일 아침 명언을 필사를 하고, 자신만의 명언을 창조하여 공유하는 일을 진행 중에 있다.

위인들의 명언을 눈으로 보고, 손으로 쓰고 있으면, 어느덧 위인들의 삶이 가슴 속에 감동을 전해주기 시작한다. 그리고 자신의

글쓰기부터 바꿔라

삶 속에 자리 잡는 기적과 같은 일들을 경험한다.

　무엇인가 말하려고 어니스트가 잠시 생각에 잠긴 그 순
간 어니스트의 얼굴에는 기품 있는 표정이 나타나며 어
찌나 자애가 깃들어 있는지 시인은 순간적으로 팔을 번
쩍 들고 외쳤다. "보세요, 저기를 보세요! 어니스트 씨가
바로 큰 바위 얼굴을 닮은 사람입니다!"

〈큰 바위 얼굴〉 나다니엘 호손

　미라클마인드는 매일 큰 바위얼굴과 같은 존재를 만나기 원했
던 어니스트 본인이 큰 바위얼굴과 같은 인물이 되는 것과 같다.
매일 만나는 위인들의 글이 미라클마인드를 통해 삶 속에 뿌리 내
리기 시작하여 위인의 삶을 살아가는 것이다.
　이 책에는 부록으로 미라클마인드 노트를 첨부한다. 책 속에 나
오는 수많은 명언을 통해 자신만의 명언을 만드는 미라클마인드를
직접 필사를 해보라. 매일 필사를 통해 어느 덧 자신의 삶에 위인
들의 삶이 느껴지는 기적이 일어날 것이다.

그들은 작가가 되기로 하였다

인생에서 작가를 만나라

필자는 독서법을 가르칠 때 작가를 꼭 만나라고 전수한다. 작가와의 만남은 책을 통해 얻을 감동의 연장선이다. 집필한 저자를 직접 만나면 독서보다 더 큰 감동을 체험한다. 독서를 통한 성장을 넘어 더 큰 성장을 할 수 있다.

작가를 만나는 것은 두 가지의 장치다. 첫 번째로는 책을 읽은 독자의 성장이다. 책을 읽고 느낀 감동의 연장과 함께, 책에서 읽은 의문점들을 직접 묻고 답할 수 있다. 저자의 생생한 체험과 책보다 더 깊은 정보를 배울 수 있다. 두 번째로는 독자를 만난 작가 역시 성장한다는 것이다. 독자의 반응을 통해서 어떤 부분이 감동이 되었는지, 어떤 부분이 개선이 필요할지 알 수 있다. 더 나아가 작가들은 독자와의 만남을 통해 앞으로 더 좋은 작품을 써야겠다는 다짐을 하게 된다. 이를 통해 알 수 있는 것은 독

글쓰기부터 바꿔라

자들은 자신을 위해서 작가를 만나지만, 작가를 위해서라도 만나야 한다는 것이다.

작가와의 만남은 당연히 글쓰기에도 도움이 된다. 그들이 어떻게 글을 썼는지를 배울 수 있다. 글을 쓰는 것이 힘들 때나 슬럼프가 왔을 때 어떻게 극복하는지를 알 수 있고, 글을 쓰는 이들이 작가들처럼 글을 쓰는 것에 도전할 수 있다.

그러나 작가들을 만나는 것은 한계가 있다. 모든 작가들을 만나는 것은 쉽지가 않다. 필자의 경우 부산에서 주로 활동한다. 지방에 있기에 수도권 지역의 작가들을 만나기란 쉽지 않다. 그래서 필자가 운영하는 독서모임에서는 강연을 개최하여 매달 저자들을 만나는 시간을 가지고 있다. 그러나 이것 또한 국내작가들로 제한이 되어있고, 해외작가를 만나기란 쉽지 않은 일이다. 더군다나 이 시대 사람이 아닌 경우 더 힘들 것이다. 이런 어려움을 극복하는 것은 작가의 모든 작품을 통째로 읽는 것이다. 작가의 과거부터 천재적인 작가로 성장한 기록들을 살펴보면서 자신을 자극할 수 있다. 필자가 책을 통해서 만난 작가들을 소개하겠다.

천재적인 작가 어니스트 헤밍웨이

〈노인과 바다〉라는 작품을 남긴 20세기 천재작가 어니스트 헤밍웨이, 그는 노벨문학상과 퓰리처상을 받은 천재적인 작가이다.

이 시대에 천재적인 평가를 받는 작가이지만, 그가 글을 쓰는 시기에는 제대로 된 평가를 받지 못했다. 심지어 부모에게도 쓰레기 같은 글을 쓴다는 평을 들으며 쫓겨나게 된다. 이후로 빈민가에서 생활하며 글을 쓰지만, 출간된 작품들은 거의 팔리지 않는다.

이런 어려운 생활이 무려 20년이 지나고 나서야, 노인과 바다라는 작품을 완성시킨다. 바로 이 작품이 그에게 노벨문학상과 퓰리처상을 안겨주고, 천재적인 작가라는 평을 안겨준다.

전 세계적인 팬을 두고 있는 작가 스티븐 킹

스티븐 킹은 미국인이 가장 사랑하는 작가이자, 국내에서도 많은 팬을 가지고 있는 작가이다. 이 시대에 가장 사랑받는 작가이지만, '왜 이런 쓰레기 같은 글을 쓰냐?'라는 평을 들었던 적이 있었다. 15년이라는 무명작가 시절을 지나고, 공장에서 일하거나 경비원 일을 하며 생계를 유지해야 했다. 이런 힘든 시기를 극복하고 이 시대의 사랑받는 작가가 되었다. 그는 이 사실을 기억하며 지금도 집필활동을 계속 매진하고 있다. 그의 작품이 전 세계 35개 국가에 33개 언어로 3억 권 이상이 판매되었고, 23개의 방이 딸린 저택에 살고 있지만, 매년 엄청난 양의 책을 출간하고 있다.

글쓰기부터 바꿔라

해리포터 신드롬을 일으킨 작가 조앤K.롤링

해리포터 시리즈를 집필한 조앤롤링은 궁핍한 생활을 하며 집필을 하였다. 실직을 하고, 혼자 아기를 키워야 하고, 심지어 분유마저 다 떨어진 상황에서도 글을 써서 해리포터를 완성한다. 그녀의 글은 영화로 제작이 되고, 심지어 놀이동산이 세워지면서 전 세계 해리포터 신드롬을 일으킨다.

러시아 대문호 표도르 도스토옙스키도 '너저분하게 쌓인 잡동사니 같은 글만 쓴다.'라는 평을 들었던 적이 있고, 조선시대 700권 이상의 책을 집필한 다산 정약용 역시 유배생활 시기에 집필하였다. 〈천로역정〉이라는 작품을 남긴 존 번연도 종교재판에 져서 투옥된 이후 집필하였다. 베스트셀러 작가인 이지성 작가도 출판사에서 수십 번 원고를 퇴짜 맞았고, 3년 동안 50권 이상의 책을 출간한 김병완 작가도, 대기업을 그만두고 도서관에서 책만 읽던 시절이 있었다.

작가들의 이력을 살펴보면 글을 쓰는 이들과 작가 지망생들은 분명히 위로가 된다. 작가들의 삶에서 어려운 일들을 극복하고 글을 쓰는 것을 보면, 필자와 같은 이들은 그저 평범한 삶이다. 평범하게 살면서 글을 쓰고 있는 이들이 글쓰기에서 만나는 막다른 길은 감사할 뿐이다.

또 그들의 과거를 살펴보면 글쓰기 관련 전문교육을 받았다고 나오지 않는다. 오히려 그 시대에 인정받지 못하는 사람들이었다.

그들이 작가가 되기로 작정하면서, 주변의 그 어떤 부정적인 말들을 듣지 않았다. 그들이 쓴 글이 많은 이들이 악평을 하더라도 그것을 이겨내고 글을 쓰기 시작했다. 자신에게 쏟아지는 악평, 자신의 처지, 환경을 뛰어넘고 오로지 글쓰기에 초점을 맞췄다.

필자는 천재적인 작가들의 모습을 연구하면서 용기를 얻었다. 필자의 이력을 보면 작가로서 특별한 것이 없다. 평범한 직장인에 불과한 사람이다. 대문호들의 과거보다 오히려 더할 나위 없이 부족하다. 그렇게 부족한 사람이 20대에 작가로 데뷔하게 된다. 더 나아가 이제는 출판사에서 출간을 요청하는 작가가 되었다.

작가들의 과거는 글쓰기에 입문하는 이들에게 희망과 용기를 전해준다. 그들의 글을 읽으며, '나도 이들과 같은 글을 쓸 수 있다.'라는 마음을 가져보자. 그들도 당신과 같은, 당신보다 더 부족한 시기가 있었다는 것을 기억하면서 말이다.

글쓰기부터 바꿔라

엉성한 초고를 만들어라

독서법에 관한 글을 집필하면서 이 글이 과연 책으로 나올 수 있을까라는 의구심에 빠진 적이 있었다. 그래서 글을 쓰는 도중 초고를 작성하여, 기획안을 출판사에 넘겼다. 부끄러운 이야기이지만 필자의 초안은 100군데가 넘는 출판사에게 퇴짜를 맞았다. 강연활동을 많이 한 것을 어필하였지만, 당시에는 그렇게 유명한 사람도 아니었고, 책도 한 권 출간되지 않았던 사람의 글을 받아주는 출판사는 없었다. 처음에는 거절의 메일을 보면서 마음이 많이 상했지만, 이 과정을 통해서 출판사가 원하는 작품에 대해서 생각해보는 시간을 가졌다. 그리고 기획안을 작성하는 방법을 터득하게 되었다.

초고라는 것이 몇 달 동안 기획한다고 제대로 만들어지는 것이 아니다. 오히려 빠른 초고 쓰기가 글을 쓰기 전에 전체적인 맥락을 잡기 위해 도움이 된다. 시간이 많다고 해서 완성도 높은 좋은 글을 쓸 수 있는 것이 아니다. 시간이 많으면 게을러지고, 잡다한 생각만 늘어날 뿐이다. 짧은 시간이라도 부지런함과 몰입을 통해 최고의 작품이 탄생될 수 있다.

> 30분 만에 상당한 분량의 글을 완성된 원고로 써낼 수 있다면 그것은 기적이리라. 하지만 그 기적을 일으킬 수 있다고 잠시 가정해보는 것도 괜찮은 시도다. 조사하고 생각하고 계획해야 한다는 것을 잠시 부인하고 최종원고의 스케치 버전을 써라. 일종의 즉석 예상본이다. 모르는 것을 아는 척하고, 불확실하지만 확고한 척하고, 사실과 생각 들을 꾸며내고, 커다란 덩어리를 빼놓아야 할 것이다. 그렇게 함으로써 재빠르게 최종원고를 생산하도록 자신을 부추길 수 있다.
>
> <력있는 글쓰기> 피터엘보

초고는 글쓰기의 척추가 되어 중심을 잡아준다. 자신이 쓰고자 하는 주제에 중심이 없으면 평생 완성하지 못한 글만 붙잡고 있을 것이다. 글쓰기에 입문하면 프리라이팅을 통해서 자유로운 글쓰기를 평생 훈련해야 하지만, 글의 결실을 만들어내기 위해서는 목표점이 필요하다. 이러한 목표점을 만들어주는 것이 초고이다.

불도저같이 밭을 일구어도 분명한 기준점이 없으면 밭이 엉망

글쓰기부터 바꿔라

이 된다. 목적지 없이 달리기만 한다면 금방 지쳐버린다. 글쓰기도 마찬가지이다. 초고를 통해서 글을 창조하는 과정에 제한을 두는 것이 좋지 않을까 라는 의문이 들지만, 결코 아니다. 초고로 쓴 것이 중심이 되어 마음껏 글을 쓰는 것을 허락한다. 목표점은 글을 올바르게 쓸 수 있도록 만들어주며, 그 안에서 자유를 허락한다.

필자는 통일레인져라는 만화를 제작한 특이한 이력이 있다. 만화 전공자도 아니고, 글쓰기를 전문적으로 배운 적도 없는 사람이 만화를 제작하였다. 통일레인져는 어린이잡지사와 연결이 되어 전국 초등학교에 배포가 되었지만, 초기 기획 당시에는 형편없고 엉성하기만 한 작품이었다.

'통일'이라는 주제를 가지고 어떻게 하면 재미난 만화를 만들 수 있을까라는 고민을 하면서 레인져물을 패러디하기로 하였다. 통일은 아무래도 남북이 함께하는 것이기 때문에, 북한을 적으로 설정하는 것은 구시대적 발상 같았다. 그래서 고민을 하다가 3.8선을 적으로 설정하였다. 60년이 지난 3.8선의 철책이 녹이 생겨서 생긴 녹슨군단을 만들었고, 그들이 통일을 위해서 활동하는 사람들을 방해하는 이야기였다.

시나리오가 완성된 다음이 문제였다. 이것을 어떻게 작품으로 만드는가였다. 그림을 그릴 줄도 모르고, 글을 쓸 줄도 모르기에 사진촬영으로 제작하기로 마음먹었다. 처음에는 오토바이 헬멧을 구매하여 통일레인져로 설정하였는데, 그것은 90년대 레인져물보

다도 더 허접해 보였다. 헬멧을 반납하고, 인터넷을 통해서 실제
파워레인져의 석고헬멧을 구매하였다. 무식하면 용감하다는 말처
럼 제작비가 100만원정도 들었고, 대학후배들과 함께 뒷산에서 사
진촬영을 하고 스틸웹툰을 제작하였다.

그렇게 기획된 통일레인져 1편을 인터넷으로 올리자 너무나 좋
은 반응을 일으켰다. 레인져물이라 식상할 지 모르겠지만, 통일분
야의 레인져물은 사람들의 관심을 불러일으킬 수 있었다. 이 관심
은 어린이잡지사와 연결이 되었다. 1년 동안 통일레인져물이 완결
되고, 통일원정대라는 두 번째 만화를 기획하여 시나리오를 집필
중에 있다.

막상 통일레인져를 기획하자는 제의를 받았을 때, 필자는 그림
도 그릴 줄 몰랐고, 글도 쓸 줄 몰랐다. 있는 그대로를 말했을 때,
그것은 전혀 문제가 되지 않았다. 잡지사의 편집장이 그림작가와
연결을 시켜주었다. 뿐만 아니라 기획안과 시나리오를 작성하는
방법을 쓸 수 있는 방법도 코칭해주었다.

글쓰기의 출발은 완성형이 아니다

"독창적인 작품은 처음부터 완벽한 형태로
세상에 나오지 않는다.

독창적인 작품은 형편없는 시제품 단계를 거쳐 완성돼
나간다. 나는 작품의 초안을 '못난이 아기'라 부른다."

픽사 · 디즈니애니메이션 사장 에드캣멀

여기서 고백하지만, 필자의 초안은 정말이지 누군가에게 보여주기 부끄럽기만 한 글이다. 초안은 희미한 목표를 가진 습작의 하나일 뿐이었다. 애드캣멀 사장이 말한 픽사의 초기 스토리는 형편없다는 것이 위안이 된다.

그런 희미한 습작이 글을 쓰면서 점점 뚜렷해지는 것을 보면 필자도 놀랍기만 하다. 초기의 쓰레기 같은 글들은 사라지고, 하나의 작품으로 만들어지고 있었다. 픽사 역시도 '못난이 아기'를 명칭을 받는 초안을 다듬어서 세계적인 작품으로 탄생하는 것이다.

글쓰기는 완성형으로 출발하는 것이 아니다. 완벽한 여행 스케줄을 짰다고 하더라도, 여행에서 계획한대로 되지 않는 것과 같다. 스케줄이 하나라도 어긋나게 되면 초조함을 느끼는 사람이 있다. 그런데 진정한 여행의 묘미는 스케줄이 꼬이는 것에서 시작되는 것이다. 또 사람과의 만남도 마찬가지이다. 연애를 하면 연인과의 만남이 계획대로 되지 않는다. 계획대로 되지 않는다고 해서 스트레스를 받을 필요가 없다. 그 안에서 자유로움이 시작되는 것이다.

말려도, 말려도
쓰고 싶다면 써라

필자에게 작가가 되고 싶다고 하면 말리고 싶다. 왜 말리냐면서 질문을 하면 그래도 말리고 싶다. 그래도 글을 쓰겠다고 하면 글을 쓰는 것을 적극적으로 도와주고 싶다.

작가가 되면 백만장자나 억대연봉을 받는 것이 아니다. 간혹 작가들이 자신을 홍보하기 위한 수단으로 억대연봉에 대한 이야기를 하는데, 그것에 현혹이 되어서는 안 된다.

작가가 되어서 수많은 작가들과 소통하게 되었다. 그 중에서 자신의 형편을 굉장히 걱정하는 작가들이 상당수가 있었다. 필자와 함께 독서모임을 운영한 친구에게서 연락이 왔다. 그는 서울에서 강연과 여러 사업을 진행하였다. 사업이 잘 안 되었는지 그 길을 포기하고 잠적해버렸다. 시간이 지난 후 필자에게 연락이 와서 근황을 물어왔다. 필자가 독서모임을 통해 책을 출간하고 작가가 되었다고 하니 그 친구가 오히려 필자의 생활을 걱정하였다.

　필자는 이런 현실적인 모습을 보고 있기에 작가에 대한 환상에 빠진 이들을 말리고 싶은 것이다. 마치 트리나 폴러스의 동화 〈꽃들에게 희망을〉의 장면과 같았다.

　꼭대기에서 조그맣게 속삭이는 소리가 들렸습니다.
　"이곳에는 아무것도 없잖아."
　그러자 또 다른 목소리가 대꾸했습니다.
　"조용히 해, 이 바보야! 밑에 있는 놈들이 다 듣겠어. 우린 지금 저들이 올라오고 싶어 하는 곳에 와 있단 말이야. 여기가 바로 거기야!"
　호랑 애벌레는 몸이 오싹해지는 것을 느꼈습니다. 그렇게 높은 곳에 있는데도, 이곳은 전혀 고귀한 자리가 아니었습니다. 밑바닥에서 볼 때만 대단해 보였던 것입니다.
　또다시 위에서 속삭이는 소리가 들렸습니다.
　"저기 좀 봐. 기둥이 또 있어. 그리고 저기도…… 사방이 온통 기둥이야!"
　이제 호랑 애벌레는 실망만이 아니라 분노마저 느꼈습니다. 호랑 애벌레는 한탄했습니다.
　"그토록 고생해서 올라온 기둥이 수천 개의 기둥들 가운데 하나일 뿐이라니! 수많은 애벌레가 꼭대기까지 올라오느라 헛고생을 하고 있어! 뭔가 잘못된 게 분명해. 하지만…… 다른 무엇이 있지 않을까?"

〈꽃들에게 희망을〉 트리나 폴러스

　필자는 행복한 글쓰기학교 강연에서 이런 솔직한 이야기를 털어놓는다. 사람들에게 글쓰기는 돈을 벌어들이는 수단이 아닌, 행복을 벌어들이는 수단으로 인식을 바꾸어 놓는다.

　말려도 말려도 글을 쓰는 이들은 자신의 글이 남들이 알아주지 않아도 글을 쓴다. 꾸준히 글을 쓰는 것이 자신의 필력을 높이는 것이기 알기 때문이다. 이들은 진정한 프로다. 반대로 글을 쓰는 것을 말린다고 멈추는 사람은 아마추어다. 아마추어는 머릿속에 떠오른 아이디어가 단번에 써지며, 자신의 글을 통해 세상이 놀랄 것이라 확신한다.

　프로는 매일 끊임없이 글쓰기 훈련에 충실하지만, 아마추어 글쓰기 훈련 따위는 필요없다고 생각한다. 프로는 훈련을 통해 겸손히 글쓰기 능력을 성장시키고, 아마추어는 자신이 다 성장했다고 자만한다.

　프로는 글쓰기에 자신만의 진정한 가치를 담기 위해 노력한다. 아니 투쟁한다. 그러나 아마추어는 엉성한 작품을 통해 사람들에게 인정받기를 원한다.

　프로는 남들에게 비판을 받아도 다시 글을 쓰고, 결단코 포기하지 않는다. 그런 반복적인 삶에서도 감사를 느끼며, 스스로 행운을

글쓰기부터 바꿔라

불러들인다. 아마추어는 비판을 받으면 분을 참지 못하고, 화를 낸다. 프로는 다른 사람들의 가치를 존중하며, 자신의 성공보다 다른 사람의 성공을 더 응원한다. 아마추어는 다른 사람들의 가치 따위는 안중에도 없고, 자신보다 성공한 사람들을 보면 배가 아프다.

프로는 계속해서 글을 쓴다. 자신의 글을 통해 다른 사람들이 감동이 되어 도전하고, 성공할 수 있기 때문이다. 그러기에 계속해서 글을 쓴다.

아마추어는 결국 고립이 되어 글쓰기를 그만둔다. 그들은 '세상은 불공평하다.'라며 불평할 것이다.

글쓰기를 말린다고 고리타분하게 승낙하는 것이 아니라, 말려도 말려도 쓸 것이라는 강한 신념을 가져라. 소크라테스가 제자에게 물속에 머리를 넣어서 숨을 쉬고 싶어 했던 것처럼 글쓰기에 갈망을 가지는 것이다.

"글을 써라. 기억하라. 사람들이 당신을 출판한 작가로 생각하지 않을 수도 있지만, 누구도 당신이 작가가 아니라고 생각하지는 않는다. 계속해서 글을 써라.
당신이 생업에 매달려 있는 동안에도, 아이들을 키우는 동안에도, 낚시질을 하는 동안에도, 글을 써라! 당신을 제외하고는 그 누구도 당신의 글쓰기를 멈출 수 없다."

캐서린 네빌

"두려워말고, 글을 써라. 독자로 끝나지 말고, 저자가 되어라!"

작가의 환상이 아닌 처절한 현실을 보면서도 글을 쓰고 싶다면 글을 쓰라고 말하고 싶다. 아니 반드시 써야 한다. 이런 마음은 글을 쓰면서 포기하고 싶더라도 계속해서 쓸 수 있는 용기를 가지게 한다.

책을 출간하고, 글쓰기강연을 진행하고 있으니 작가가 되고 싶다는 메일을 자주 받는다. 필자는 이런 메일을 성심성의껏 답한다. A4지 1장 정도의 분량으로 질문을 오면, 2~3배 분량으로 답하고, 서울 강연이 있는 시점에 스케줄을 조율하여 직접 만나기까지 한다.

그런데 그만큼 결실이 없어 아쉬울 따름이었다. 이런 점을 보면 유명 작가들이 독자들의 질문에 까칠하게 답하는 이유를 알 것 같다. 작가가 되니 깨닫게 된 것이다. 그래도 필자는 친절할 것이라고 다짐한다. 필자를 봐서라도 글을 써라.

〈바람 앞의 촛불〉 저자 조지 베르너는 "나는 비록 한 권도 팔지 못할지라도 살아 있는 한 계속해서 글을 쓰기로 결정했다. 왜냐하면 내가 사는 동안 가장 원하는 일이므로……"라고 고백하였다.

당신은 어떤 고백을 할 수 있는가? 당신의 글을 다른 사람이 인정하지 않더라도, 당신의 글을 통해 돈을 벌어들이지 못하더라도, 글쓰기는 자신의 행복과 다른 이들에게 가치를 전하는 일이라고 생각이 드는가? 그렇다면 글을 써라.

상상의 궁전에서
창조적 뒤집기!

영화관에 갈 때 메모장과 연필을 챙겨서 간다. 이런 모습을 보는 아내는 참 유별나다고 한다. 아내는 영화관에서 팝콘과 콜라가 아닌 메모장과 연필을 챙겨가는 사람은 필자밖에 없다고 한다. 그러면 필자는 작가니깐 메모장을 챙기는 것이 당연하다고 답한다. 영화관 갈 때 챙겨가는 메모장은 유독 크다. 영화가 시작하면 불이 꺼져서 글을 쓰는 것을 볼 수가 없기 때문이다. 영화에서 나오는 대사를 좋아한다.

카르페디엠. 현재를 즐겨라.
너희들의 삶을 특별하게 만들어라.

〈죽은 시인의 사회〉

꿈도 희망도 가치도 모두 '사랑'하는 마음에서부터

시작됩니다.

비록 눈에 보이진 않지만 우리의 삶에 가장 큰 활력을
불어넣어 주는 것, 그것은 아마 '사랑'일 것입니다.

〈노트북〉

살다보면 안 좋은 날도 있지.

아무 걱정 마. 오늘도 행복한 하루가 되게 해줄게. 약속해

〈인사이드 아웃〉

영화를 보는 사람들에게 감동을 줄 수 있는 대사를 만들기 위해
서 기획자들은 엄청난 시간을 들여 고민한다. 그런 노력이 담긴 대
사를 쉽게 얻을 수 있는 것만으로도 행운이다. 언젠가부터 영화의
대사를 노트에 모으는 것이 취미가 되었다. 이렇게 모은 대사는 다
른 사람들에게 용기를 전해주는 메시지로 쓰기도 한다.

영화관에서 영화가 시작하면, 노트의 줄을 무시하고 글을 쓴다.
줄을 무시하고 자유롭게 글을 쓰는 것을 좋아한다. 어떤 때는 영화
를 보는 것보다 글쓰기에 집중한다. 소재를 얻으면 영화를 보는 것
을 잊은 채 글만 쓰는 것이다. 이렇게 글을 쓰면 진정한 글쟁이가
된 것을 느낀다.

글을 쓰고 있을 때, 특히 글이 잘 써질 때 나는 서로 다

른 차원의 두 세계를 오간다. 현실 세계의 삶도 물론 충분히 만족스럽지만, 나에게는 아무도, 심지어 남편조차도 모르는, 현실과 전혀 다른 또 하나의 세계가 존재한다. 결혼 생활을 망치지 않으면서 이중생활을 유지하는 셈이다. 게다가 그 세계가 나에게는 천국과도 같다.

특히 초고를 쓸 때, 나는 마치 나 자신에게서 벗어난 듯한 기분이 든다. 나는 언제나 스스로를 벗어나고자 한다. 저널리스트로서도 마찬가지이다. 물론 논픽션을 쓸 때는 사실상 글을 쓴다고도 할 수 없다. 몇 달에 걸려 취재한 자료를 토대로 정작 기사는 몇 초만에 써버린다.

소설을 쓸 때, 나는 내가 누구이고 어디서 왔는지 잊어버린 채 완전히 몰입해버린다. 나는 이렇게 또 다른 세계에 깊이 빠져서, 현실의 삶이 약간 모호해진 느낌이 너무 좋다. 한참 글쓰기에 몰두해 있다가 학교 수업을 마치고 나오는 아이들을 데리러 가야 할 때, 종종 아주 잠깐 동안이지만 기분이 심하게 우울해지곤 한다. 심해를 누비던 잠수부가 갑자기 수면을 향해 떠오를 때의 고통이라고나 할까. 막상 아이들과 만나면 우울한 기분은 완전히 사라지고 다시 행복해진다. 말도 안 되지만 때때로 내가 아이들의 엄마라는 사실도 잊곤 한다. 그럴 때면 죄책감이 든다.(2011년 퓰리처상 수상

자 제니퍼 이건)

〈잘쓰려고 하지마라〉 매러디스 매런

영화관은 필자의 상상의 궁전으로 바뀐다. 영화가 시작되고, 불이 꺼지면 무엇이든 상상할 수 있다. 영화를 보며 새로운 작품을 만들 수가 있다. 글을 어느 정도 쓰다보면 차원이 다른 상상의 세계를 체험한다. 퓰리처상을 수상한 제니퍼 이건이 말하는 서로 다른 차원의 두 세계를 경험할 수 있다. 이 세계에서는 현실의 모든 것을 글로 쓸 수 있다. 현실을 넘어 자신이 상상하는 모든 세계를 글로 창조할 수 있다. 필자는 이를 상상의 궁전이라고 붙여봤다.

상상의 궁전 속에서 창조적 변환이 일어난다

글은 스토리가 되고, 스토리는 영화가 된다. 영화는 현실이 되기도 한다. 조앤롤링이 집필한 마법사 이야기는 해리포터 시리즈로 책이 출간되었고, 스토리는 영화로 제작되었다. 그 인기가 너무 좋아서 해리포터 마을이 탄생하고, 현실에서 퀴디치 대회가 열리기도 하였다.

영상의 모든 것은 글로 기획되었다. 시나리오부터 화면에 필요한 모든 것이 기획서로 작성되어 영화, 드라마, CF로 제작이 된다. 우리는 단지 완성된 작품을 보는 것이다. 이 과정을 거꾸로 하여,

영상을 보며 글로 쓰는 것이 창조적 뒤집기라고 한다.

창조적 뒤집기 과정이란, 영화를 보며 자신의 스토리로 만들어 보는 것이다. 영화를 보면서 스토리를 쓰다보면, 원작자와 다른 자신만의 창조적 이야기가 만들어진다. 재미있는 것은 분명 똑같은 영화라도 다르게 이야기를 쓰고 있는 것이다.

상상의 궁전으로 초대합니다.

행복한 글쓰기학교에서도 영화를 보며 글을 쓰는 실습을 한 적이 있다. 모든 사람들이 자신만의 창조적 뒤집기를 하였다. 시각적 제공된 영상은 같으나 각자가 쓴 글의 스토리는 전부 다 다른 스토리를 만들었다. 보는 영상은 같으나 보는 이들이 새롭게 창조한 것이다.

드라마를 보다가도 글을 쓴 적이 있다. 한참 재미있는 부분을 보다가 TV를 끄고, 글을 집필한다. 그 뒤의 이야기를 필자만의 상상의 세계에서 글을 써내려가는 것이다. 이는 필자가 개발한 글쓰기 훈련인데, 글쓰기의 슬럼프가 왔을 때 훈련하는 방법이다. 글을 쓰는 것에 정답은 존재하지 않는다. 영화를 보며 자신만의 스토리를 만들 수 있다. 드라마를 보고 있다가 그 다음 스토리를 만들 수 있다. 심지어 버라이어티의 극적인 장면 뒤에 어떤 일이 일어날 건지 상상할 수 있다. 이런 상상의 궁전으로 당신을 초대한다. 여러분들만의 스토리를 마음껏 창조해보길 기대한다.

Friday 키워드 '새로운 세계'

금요일에는 밤새워서 상상해보며 글을 써보는 '불금'이다.

'새로운 세계'를 상상하면 밤을 지새우며 글을 써보자.

글 쓰 기
부터 바꿔라 3

설렘이 가득한 글쓰기의 시작

일상의 아름다움을 써라

행복한 글쓰기 학교를 진행하면서 다양한 글쓰기 방법을 실험하였다. 실험이라는 말에 깜짝 놀랄 수도 있겠지만, 독서가로서 글쓰기에 관한 주제의 책을 깊이 분석하며 기획하였다. 그렇게 기획한 것은 대부분 성공적인 결과를 만들어냈다. 이 책에 소개되는 다양한 방법들은 필자가 부산에서 진행하고 있는 행복한 글쓰기학교에서 성공적인 실험을 거친 내용들이다.

다양한 글쓰기 방법의 핵심은 '어떻게 하면 지속적으로 글을 쓸 수 있도록 할 것인가'이다. 글쓰기를 배우러 오는 사람들이 대부분 글쓰기의 두려움에 빠진 분들이다. 아마도 이 글을 읽고 있는 분들도 약간의 두려움을 가지고 있을 것이다. 아무리 작가 지망생이라도, 심지어 책을 한 권 출간한 작가라고 하더라도 글쓰기에 대한 두려움을 가지고 있다.

이런 두려움은 필자가 소개하는 창의적인 글쓰기 방법을 통해

글쓰기부터 바꿔라

극복할 수 있다. 간혹 필자가 소개하는 방법들을 실천하면서 '이렇게 쓰는 것이 글쓰기인가?'라는 의문이 들지도 모르겠다. 그 의문이 든다면 필자는 성공한 것이다. 필자가 의도한 것이기 때문이다. 글쓰기는 대단히 어려운 것도 아니며 무게 있는 것도 아니다. 오히려 힘을 빼야 한다.

자유로움을 위해서는 힘을 빼야 한다

수영을 처음 배우는 이들이 몸에 힘이 많이 들어가 오히려 물에 가라앉는 경우가 있다. 진정한 고수들은 힘을 빼고 수영을 한다. 초보자들에게는 몸에 힘을 빼는 것이 더 힘이 드는 것이다. 글쓰기에서도 마찬가지이다. 연필을 쥔 손에 힘을 빼고, 생각을 가볍게 해서 '이렇게 쓰는 것도 글쓰기인가?'라는 생각을 가지고 글을 쓰면 된다.

창의적인 방법들 모두 글을 쓰고자하는 이들에게 힘을 빼고, 지속적으로 쓸 수 있도록 초점을 맞추었다. 글쓰기를 시작해도 지속적으로 쓰지 않으면 좋은 글을 쓸 수가 없다.

이 책에서 소개되는 30분 글쓰기도, 글쓰기 트레이닝 4단계도 마찬가지이다. 이런 훈련을 통해 일상에서도 글을 쓸 수 있도록 해야 한다. 다양한 훈련은 굳이 서재가 아니더라도 일상에서 글을 쓸 수 있게 한다. 글을 읽고 언제 어디서든 쓸 수 있도록 안내할 것이다.

힘을 빼기 위해서는 글쓰기의 관점을 바꾸어야 한다. 당신이 진정한 글쓰기를 하기 위해서는 눈으로 본 것을 쓰고, 머리로 생각한 것을 쓰고, 마음으로 느낀 것을 써라. 한 의약제품의 광고에서 음식을 씹고, 뜯고, 맛보고, 즐긴다는 표현처럼 글쓰기도 마찬가지이다. 글을 쓰는 것을 갈겨 써 보기도 하고, 날려 쓰고, 다시 쓰면서, 즐기면 된다. 당신의 일상이 어떤가? 제일 먼저 하는 행동 다음에 글을 쓰면 된다. 새벽에 일어나서 결혼반지를 끼는 것이 첫 번째 하는 행동이라면, 반지를 끼고 나서 글을 쓰면 된다. 글을 쓰는 사람이라면 일상적인 행동 다음에 글을 쓰면 된다.

필자는 부산에서 활동하고 있다. 가끔 부산에서 활동하는 것과 사투리를 쓴다는 것이 약점이라고 생각하는 경우가 있었다. 그런데 이 약점이 장점으로 바뀌는 경우가 있었다. 첫 책이 출간되고, 국방부에 강연가로 초대되어 다녀온 적이 있다. 소령급 이상들만 모인 곳에서 강연을 하게 되었다. 작가이자 강사로서 사투리는 약점이 될 수 있지만, 국방부라는 조직에서 사투리는 웃음을 유발시키는 도구가 되었다. 평소 웃기는 스타일이 아니지만, 사투리는 어디를 가나 웃음을 선사한다. 웃음으로 청중들의 마음의 문을 열고 강연을 마음껏 펼쳤다. 필자의 약점이 장점이 되었던 것이다.

또 부산에서 이동하는 것은 글쓰기 시간을 마련해주는 장점이 되었다. 보통 강연을 다녀오면 피곤이 밀려온다. 집에 도착하면 침대로 직행하고 만다. 부산으로 가야 하는 거리가 만만치 않기 때문

글쓰기부터 바꿔라

이다. 부산으로 향하는 기차 안은 필자의 서재가 되어 집필을 시작한다. 잠보다 훨씬 유익한 시간을 만끽하는 것이다.

보통 강연을 마치고 내려오는 기차는 저녁기차라서 많은 사람들이 잠에 곯아 떨어져있다. 소리에 민감한 필자의 경우 사람들 코고는 소리나 전화소리에 굉장히 스트레스를 많이 받았다. 이런 스트레스를 극복하고자 민감한 소리를 소재로 전환시켰다.

우선, 코고는 소리나 터널 지나가는 소리를 소재의 화음으로 바꾸었다. '코고는 사람 옆의 사람은 어떤 감정일까?'라는 소재부터 'KTX열차 창 밖에 보이는 산 속에는 어떤 이야기가 숨어 있을까? 저 산이 지리산이라고 생각했는데, 지리산이 아니면 어떠한가.'

이 자리에서 한 가지만 짚고 넘어가자. 이 세상에 '아이디어 창고'나 '소설의 보고'나 '베스트셀러가 묻힌 보물섬' 따위는 존재하지 않는다. 소설의 아이디어는 그야말로 허공에서 느닷없이 나타나 소설가를 찾아오는 듯하다. 전에는 아무 상관도 없던 두 가지 일이 합쳐지면서 전혀 새로운 무엇인가를 만들어내는 것이다. 그러므로 소설가가 해야 할 일은 아이디어를 찾아내는 것이 아니라 막상 아이디어가 떠올랐을 때 그것이 좋은 아이디어라는 사실을 알아차리는 것이다.

<유혹하는 글쓰기> 스티븐 킹

그저 물 흐르듯이 쓰기만 하는 것이다. 필자의 생각은 접어두고, 주변의 소리에 글쓰기를 맡긴다. 코고는 소리를 시작으로, 문 열리는 소리, 터널진입 소리, 전화소리, 마치 영화 어거스트 러시의 주인공이 일상의 소리가 오케스트라의 연주처럼 들리는 것처럼 일상의 소리가 글쓰기의 소재로 들리기 시작한다. 물론 영화 속 주인공처럼 필자는 천재가 아니다. 글을 쓰고 있으면 공간과 환경의 제한이 없다는 사실을 알리고 싶은 것이다. 소재로 관점을 전환하면 소음마저 아름답게 들리기 시작한다.

조앤롤링 작가는 기차를 타고 이동하던 중에 기차의 고장으로 4시간이나 정차한 적이 있다. 그녀는 무료한 시간을 달래기 위해 상상의 세계로 빠져든다. 그 상상은 "자신이 마법사라는 사실을 알지 못하고 우연히 마법사 학교에 가게 된 소년"이다. 주인공이 탄생하고, 11세부터 17세까지 다니는 학교를 소재로 집필하기 시작하였다. 기차에서의 상상이 해리포터라는 마법사 이야기의 탄생으로 이어졌다.

진정한 글쓰기는 꿈속에서도 글을 쓰는 것이다

비틀즈의 폴 매카트니는 꿈속에서 아름다운 멜로디를 듣는다. 잠에서 깨자마자 피아노로 달려가 마치 마법에 걸린 것처럼 연주를 하였다. 연주는 순식간에 노래로 만들어졌다. 그 노래는 다름 아닌 예스터데이이다.

이 노래는 1985년까지 1,600개의 버전이 만들어지며 기네스 기록에 올랐고, 20세기에만 무려 7백만 번, 역대 최고의 곡 1위로 선정될 정도로 누구나가 인정할만한 명곡으로 기억되고 있다. 비틀즈의 폴 매카트니는 꿈속에서도 작곡을 하고 있었다.

필자는 이 이야기에 깊은 영감을 받았다. 글을 쓰는 이들은 꿈속에서도 소재를 찾아야 한다는 생각이 들었다. 앞으로 일상에서도, 심지어 꿈속에서도 소재를 찾아라. 그 소재로 글을 써라. 폴 매카트니의 예스터데이와 같은 아름다운 글이 탄생할 것이다.

당신의 이름에는
어떤 가치가 숨겨져 있는가

20세기 이전의 여성들은 자신의 성별을 숨기기 위해 필명을 쓰는 시기가 있었다. 동·서양을 막론하고 여성을 낮게 여기는 시대적 배경이 존재하였기 때문이다. 아무래도 여성들보다 남성들에게 대우가 좋았던 시대라 남성의 글을 선호하던 시기였다. 해리포터를 집필한 조앤롤링도 남성적 필명을 사용하기를 권장 받았다.

조앤롤링은 첫 구상으로부터 5년 만에 해리포터의 첫 번째 원고를 완성하였다. 스코틀랜드 예술위원회의 신인작가 창작지원금을 받았고, 교사로 취직하면서 생활도 안정이 되던 시기였다. 그 시기에 완성된 소설의 기획서를 두 군데 문학 에이전트에게 발송하였다. 두 군데 에이전트 중 크리스토퍼 리틀 에이전시에서 관심을 표시해 왔다. 해외 출판계는 문학 전문 에이전트들이 신인 작가를 발굴해서 출판사와 연결해준다. 크리스토퍼 리틀은 조앤 롤링의 소설을 대형 출판사에 소개했지만, 모두 거절당한다.

그리고 소규모 출판사인 블룸즈버리와 계약을 맺고 출간한다.

이때 에이전트는 조앤롤링에게 이름을 바꾸라고 조언한다. 판타지 아동 소설 작가는 대개 남성이기 때문에, 작가가 여성이면 책이 판매되지 않을 것이라는 우려 때문이었다. 결국 '조앤롤링'보다 이니셜로 표기한 'J.롤링'이라는 제안에, 친할머니의 이름인 '캐슬린'의 이니셜을 넣어서 아예 'J.K. 롤링'을 정식 필명으로 삼았다.

조앤롤링은 해리포터 시리즈를 완고하고, 다음 책을 출간하면서 또 다시 필명을 사용하였다. 그녀는 "새로운 장르에 작가로서 도전하고 싶은데, 이름에 기대지 않고 신인으로 돌아가 솔직한 피드백을 받고 싶었다."고 말하였다.

작가들이 필명을 쓰는 이유는 새로운 소재나 장르를 쓰기 위해서이다. 또 자신의 유명세에 가려진 자신의 실력을 객관적으로 검증받고자 하는 마음이 있는 것이다.

미국의 공포소설과 영화, 드라마에 엄청난 영향력을 선사한 스티븐 킹 역시 리처드 바크만이라는 필명으로 활동하였다. 당시 미국 출판업계에서 작가 한 명이 1년에 1권의 책을 출판하는 풍조가 있었고, 무명의 '리처드 바크만'이 '스티븐 킹'과 같은 지위를 획득할 수 있을까라는 도전의식도 생긴 것이다.

이름을 바꾼다고 해서 사람이 바뀌는 것은 아니다. 조앤롤링과 스티븐 킹도 필명으로 썼다하더라도 독자들에게 금방 정체가 밝혀졌다. 아무리 자신을 드러내지 않고 작품으로 평가받고 싶다그 하

더라도 사람들은 알아보게 된다. 이미 전 세계에서 유명해진 작가
들은 어떤 식으로건 자신을 숨기는 것은 어려운 일이다.

이름에도 가치를 담아보자

글을 써서 발표할 때 본명이 아닌 가명을 사용하길 원하는 작가들
이 있다. 베스트셀러 작가 중에 필명을 쓰는 사람들이 많다. 〈지적
대화를 위한 넓고 얕은 지식〉의 저자인 채사장도 필명이라고 한
다. 필자가 활동한 독서클럽의 베스트셀러 작가도 활동하면서 안
사실이었지만, 본명이 아닌 필명을 쓰고 있었다.

인생에 대한 인간의 호기심은 무궁무진하다.
작가는 그 호기심을 충족시켜 주기 위해 인생의 깊은
의미를 찾고자 노력해야 한다.

〈글쓰기의 모든 것〉 프레드 화이트

자신의 이름에 인생의 깊은 의미를 담을 필요가 있다. 마인드스
쿨의 조성희 대표는 교육받는 대상자들에게 "어떤 사람은 이 교육
에서 20만 원어치의 가치만 이루고, 어떤 사람은 20억, 어떤 사람
은 200억, 어떤 사람은 2조 이상의 가치를 이룰 것이다."라고 전한
다. 자신의 이름이 얼마만큼의 깊은 의미를 담고 있는가를 생각해

글쓰기부터 바꿔라

볼 필요가 있다.

책을 출간하면 자신의 이름이 책 표지에 적히고, 서점 어디서든 만날 수 있다. 또한 포털사이트에서 검색을 통해 만날 수 있다 자신의 이름이 온 세상에 전해지는 데, 만약에 자신의 이름에 의미가 담겨 있으면 더 뜻 깊을 수 있다.

여기서 밝히지만 필자 역시도 필명을 쓴다. 필자의 본명은 허준영이다. 본명을 밝혀도 전혀 문제가 없기에 밝힌다. 필자의 본명을 포털 사이트에 검색하면 30명이 넘는 공인이 검색이 된다. 한 유명인은 매년 포털사이트 메인에 나올 정도로 유명하다. 물론 좋은 일로 나오는 뉴스가 아니라는 것이 유감스럽다.

이런 배경에 필명을 사용하게 되었다. 필명에는 특별한 의기를 담았다. 기성준이라는 이름에 '기'는 '기적'을 뜻한다. 필자의 삶 자체가 기적이다. 평범한 월급쟁이가 책을 내고 작가가 된 것 자체가 기적이기 때문이다. 여기에 또 하나의 기적과 같은 사연이 있다.

20대 초반, 필자의 몸에 이상이 생겨 건강검진을 받다가 우연히 갑상선 쪽에 혹이 발견된다. 어린 나이였기에 별거 아니라는 생각을 하였지만, 정밀 검사의 결과는 악성종양, 암이었다. 그나마 다행인 것은 조기 발견되었다는 점이다. 보통 갑상선 암은 1.5센치 정도에 발견되는데 필자는 1센치 미만이었다. 수술을 맡은 다학병원 담당 의사는 필자에게 '행운아'라는 표현을 하였다. 담당 의사의 말대로 필자는 '행운아'이자, 기적과 같은 보너스 인생을 얻은 것이다. 이런 기적과 같은 인생의 의미를 필명에 담았다.

'성준'이라는 이름은 아내의 이름과 필자의 본명을 조합한 이름이다. 결혼을 하고 나서 작가가 되었다. 작가가 된 것도 전적으로 아내의 응원이 있었기 때문이다. 회사를 그만두고 작가가 된다는 것은 대단한 도전이었다. 아내는 남편이 하고 싶은 것을 응원해주고 밀어주고 싶었던 것이다. 아마도 필자는 아내에게 평생 빚진 사람일 것이다. 그런 빚을 필명으로 갚아주고 싶다. 글을 쓴다는 것 자체가 아내에게 빚을 갚으며 사랑을 표현하는 것이다.

필명으로 사용한다고 해서 저작권에 대한 걱정이 있는 사람들도 있을 것이다. 계약서상 이름에 '본명(필명)'으로 기입하면 전혀 상관이 없다. 계약 내용에 필명을 사용한다는 점을 명시하면 된다. 필자도 출판사와 계약을 진행하며 알게 된 것이다.

필명은 필수가 아니다. 또한 필명을 사용한다고 해서 본명을 감출 필요도 없다. 오히려 필명을 사용하면서 본명을 감춘다는 것은 어딘가에 문제가 있다는 뜻이라고 생각이 든다.

중요한 것은 이름이 바뀌더라도 사람의 가치는 변하지 않는다. 이름보다도 신념이 중요하다. 자신이 쓰는 이름에 책 한 권 이상의 가치를 담아 보는 것이다. 이름을 통해 가치 있는 글의 시작이 될 것이다.

글쓰기부터 바꿔라

누가 뭐라고 해도
나는 글을 쓰리라

대문호 평가를 받는 이들도 처음 글을 집필할 당시 좋은 평을 받지 못했다. 헤밍웨이, 도스토옙스키, 톨스토이, 스티븐킹, 조앤롤링, 지금 시대에는 이들을 대문호로 칭하거나, 전설적인 인물로 분류한다. 하지만, 이들도 처음 쓴 글에 대해서는 저평가를 받았던 사람들이었다. 이들을 보면서 어떤 마음가짐으로 글을 써야 하는가를 생각해 본다.

남들이 반대하는 길을 선택하는 것은 위험한 것이다. 주변에서 반대하는 이유는 그 길이 험하다는 것을 알기 때문이다. 이런 현실을 니체는 거부한다. 니체는 "낯선 사람의 등과 머리에는 올라타지도 마라. 너는 지금의 너를 뛰어넘어 저 위에 네 자신을 세워야 한다. 그러려면 너의 신체와 영혼이 먼저 반듯하게 세워져 있어야 할 것이다."라고 전했다. 니체의 글을 보며 누가 뭐라고 해도 글을 쓸 수 있는 용기가 필요하다.

필자가 회사생활을 하던 시절 매일 야근을 했다. 심지어 주말도 없이 일을 하는 모습에 행복이란 전혀 존재하지 않았다. 고정적인 월급이 나왔음에도 불구하고 돈 걱정이 많았다. 지속적으로 일을 할 수 있는 여건이 허락되었지만, 앞으로 장래에 대한 고민거리가 늘어났다.

책이 출간된 후 집필활동을 위해 직장을 그만두었다. 이제는 전업 작가이자 강사로 활동하고 있다. 이전과 다르게 고정적인 수입은 없지만, 돈에 대한 걱정은 없어졌다. 지속적인 일은 없지만 현재 생활은 직장생활보다 더 바쁘게 살고 있다. 새벽 5시에 일어나 책을 읽으며 글을 쓰고 있으며, 주중에 전국으로 강연 일정을 소화하고 있다. 하루 종일 하고 싶은 일을 하고 있는 것이다.

회사를 그만둔다는 말에 주변사람들이 굉장히 걱정을 해주었다. 하지만 지금은 필자를 걱정해준 사람들이 걱정된다. 과연 그들이 앞으로 장래에 대한 희망을 가지고 있을까 라는 의문이 든다. 필자의 과거를 생각하면 불쌍하기만 하다. 일이 힘들어서 불쌍한 것이 절대 아니다. 지금은 누가 뭐라고 해도 글을 쓰고 싶은 신념이 있지만, 그때에는 누가 뭐라고 해도 하는 일을 하고 싶은 신념이 없었다.

신념을 품고 살아가는 것은 참 어려운 것이다. 누군가 수억원의 금액을 제시하며 "당신의 신념과 다른 일을 하십시오."라고 한다면, 그 유혹을 뿌리칠 수 있는 사람이 몇이나 될까 고민을 해

글쓰기부터 바꿔라

본다. 회사생활을 하던 당시, 필자 스스로에게 질문을 하였다. 누군가 수억원을 제시했을 때, 아니 수천만원을 제시했을 때에도 돈을 포기하고 내가 하던 일을 할 수 있을까? 라는 질문을 스스로에게 했을 때, 필자는 대답하지 못했다.

직장생활을 하던 당시 매일 사직서를 품고 있었고, 그만두고 싶다는 말이 내면 깊숙이에서 목구멍까지 차올랐다. 심지어 그만두겠다는 말을 하였을 때 거절당하기까지 하였다. 이런 일도 있었지만, 이제는 글쓰기로 신념이 확고해졌으며 그 당시의 아픔도 치유하고 있다.

지금은 대답할 수 있다. 누군가 엄청난 금액을 제시하더라도, 필자는 필자만의 글을 쓸 것이라고 당당하게 말할 수 있다.

누가 뭐라고 해도 글을 쓰리라

이제는 누가 뭐라고 해도 글을 쓰리라. 아니 필자는 지속적으로 글을 쓸 것이며, 다른 사람들에게도 글쓰기를 통해 삶을 개선하고, 치유할 것을 전할 것이다.

공자는 논어 옹야편에서 "아는 자는 좋아하는 자만 못하고, 좋아하는 자는 즐기는 자만 못하다."라는 것을 전한다. 즐기는 자는 누구도 이길 수 없다. 또 즐기는 자는 막을 수도 없다. 김병완 작가는 "글쓰기는 어린아이가 놀이터에서 노는 것과 같다"라는 고백을 한

적이 있다. 어린아이들은 놀면서 걱정을 하지 않는다. 모든 걱정과
근심거리는 잊어버리고, 자신이 진정 즐기는 세상인 것이다.

> "인생에 주어진 의무는 다른 아무것도 없다네.
> 그저 행복이라는 한 가지 의무뿐.
> 우리는 행복하기 위해 세상에 왔지."
>
> 헤르만 헤세

부산에서 서울로 강연을 다니고, 다시 부산으로 와서 강연을 하
는 일정을 소화하고 있다. 이 와중에도 지하철이나 대중교통을 이
용할 때 메모장을 펴서 글을 쓰고 있다. 이것이 필자가 느끼는 진정
한 행복이다. 직장생활 때보다 넉넉하지 않고, 몸은 피곤하지만, 글
을 쓰니깐 정말 행복하다. 진정한 행복을 모르는 사람이 안타깝다.
글쓰기를 모르는 사람들은 무슨 재미로 삶을 사는 것인가. 마치 라
면에 김치가 없었더라면 무슨 맛으로 라면을 먹을까 라는 노랫말이
떠오른다. 물론 그들은 라면만 먹을 것이다. 이 글을 읽는 이들에게
김치의 맛을 권한다. 글쓰기를 통해 삶의 재미를 느껴보라.

그는 죽음마저도 거부하고 글을 써내려갔다

대문호 괴테는 죽음마저도 거부하고 집필을 하였다. 괴테는 〈파우

글쓰기부터 바꿔라

스트〉 집필 당시 여든이 넘는 나이였다. 매일 피를 토하는 병에 걸려 있음에도 불구하고 집필을 멈추지 않았다. 자신이 쓰고자 하는 작품이 있었기 때문에 병을 이겨낼 수 있다. 그렇게 탄생한 〈파우스트〉는 오늘날 우리에게도 대작으로 남겨져 있다.

> 글을 쓰는 능력은 배짱과 마찬가지로 따로 준비하거나 획득해야 하는 게 아니다. 아직은 믿기지 않겠지만, 여러분은 당장이라도 문학작품을 써낼 수 있는 능력을 이미 지니고 있다. 글쓰기는 누구나 할 수 있다. 누구나 글을 쓸 수 있고, 누구나 작가가 될 수 있다.
>
> 〈누구나 글을 잘 쓸 수 있다〉 로버타 진 브라이언트

글쓰기의 배짱을 가져보자. 자신만이 쓸 수 있는 글, 자신이 아니고서는 쓸 수 없는 글쓰기에 도전하라. 자신이 쓰고자하는 분명한 글이 있다면, 글쓰기에 방해되는 모든 환경을 극복할 수 있을 것이다. 여건이 허락되지 않더라도 글을 쓸 수 있다. 누가 뭐라고 해도 글을 쓸 수 있다. 심지어 괴테와 같이 죽음마저도 거부하고 자신만의 분명한 글을 쓸 수 있을 것이다.

하루 A4지 10장의 글을 쓰는
12가지 비결

한 권의 책을 출판하고 나서 한동안 글을 쓰지 않았다. 책을 집필하는 것을 마치 산모의 고통에 비유하는 것처럼 삶의 에너지를 너무나 많이 소비했기 때문이다. 또 책을 출판하고 강연활동에 매진하다보니 글쓰기는 뒷전이었다. 그러다 책 한 권 내놓고 만족하는 필자의 모습을 보면서 반성하게 되었다. 게을러진 삶을 재정비하고, 글쓰기를 해야겠다는 마음을 가졌다.

독서를 통해 하루 10권을 읽는 리딩포인트를 만난 것처럼, 글쓰기를 통해 하루 10장을 쓰는 것에 도전하였다. 하루 10장을 쓰는 것에 도전하면서, 글쓰기보다 책 읽기가 훨씬 더 쉽다는 것을 뼈저리게 느꼈다. 지금도 글을 쓰고 있지만, 도서관에 앉아 독서를 하고 싶다는 생각이 굴뚝같다. 그럼에도 글쓰기를 하는 것은 독서는 자기성찰로만 끝나는 것을 알고 있기 때문이다. 글쓰기는 자기성찰을 넘어 독자와의 만남으로 이어지고, 곧 세상과 연결이 된다.

글쓰기부터 바꿔라

도서관에만 처박혀서 책만 읽으면 책 읽는 한 사람만 행복하지만, 글을 통해서 세상과 연결이 되면 많은 사람들이 행복해질 수 있기 때문이다.

필자는 많은 사람들의 행복을 위해서 세상과 연결을 시도하고 있다. 세상과 연결을 위한 하루 A4지 10장을 쓰는 비결 12가지를 공개한다.

01. 우선, A4지 10장을 준비해라

이면지로 사용하길 권한다. 이면지는 자유롭게 쓰는 것을 허락한다. 형식도 상관없고, 낙서를 저질러도 상관없다. 제한 없는 글쓰기는 쓰는 이로 하여금 창의성을 풍성하게 하며, 그 창의성은 10장을 채울 수 있는 글쓰기를 허락한다.

02. 즉시 펜을 들고 써라

10장 쓰는 비결은 원래 여기서 끝이다. A4지 10장을 준비해서 쓰면 된다. 10장이 다 채워질 때까지 자신이 앉은 자리에서 쓰면 된다. 이보다 명쾌한 답이 있는가. 물론, 다음의 비결들은 10장을 보다 쉽게 채울 수 있는 방법들을 소개한다. 10장을 준비하고, 펜을 들고 쓰는 것이 핵심이라는 사실을 기억하라.

03. 빨리 쓰는 손과 뇌를 만들어라

어떤 작가는 하루에 10장을 쓴다. 또 어떤 작가는 하루에 20장을 쓴다. 20장 이상의 글을 쓰는 작가들도 있다. 하루 10장 이상을 쓰는 사람과 10장을 쓰지 못하는 사람의 차이는 빨리 쓰는 손과 뇌이다. 빨리 쓰고자한다면 손과 뇌도 따라올 것이다. 10장이 많다고 생각하지 마라. 장수를 제한하지 말고, 10장 이상을 쓸 수 있는 손과 뇌를 만들자.

04. 틀려도 OK, 무조건 써라

완벽할 필요 없다. 단어나 문법이 틀려도 된다. 글을 다 쓰고, 얼마든지 수정할 수 있다. 오히려 수정하면서 내용이 더 추가되는 경우가 있다. 수정할 시간은 너무나도 많다. 쓰고 수정한 것이, 고민하면서 쓰는 것보다 훨씬 더 효율적이다.

05. 고민하지 말고, 손을 움직여라

'이렇게 써도 되는 건가?'라는 생각이 들어도 써라. 글을 쓰면서 수많은 의구심은 손과 뇌를 더디게 만들뿐이다. 자신의 손과 뇌를 위해서라도 써야 한다. '이렇게 써도 되는 건가?'라는 의문이 들었을 때, '이렇게 써도 되는 거야!'라고 답해라. 분명 당신의 손과 뇌는 발달할 것이다.

06. 한 장에는 하나의 주제를 써라

한 장을 펼치면, 하나의 주제를 써내려가라. 주제의 내용이 떠오르지 않으면, 그림을 그려라. 낙서를 해라. 그렇게라도 한 장을 채우도록 노력해라. 편집하다보면 그림이나 낙서가 도움이 될 때도 있다.

07. 다른 주제가 떠오르면 키워드만 뽑아라

글을 쓰다가 다른 주제가 떠오르면, 키워드만 다음 장에 써라. 키워드는 다음 장을 채울 수 있도록 도와준다.

08. 양이 우선이다

양은 질로 이어진다. 많은 양을 뽑아내고 편집하는 것이, 적은 양을 메우는 것보다 훨씬 좋다. 풍성한 글을 위해서라도 틀린 글을 계속 써라. 반복된 글이라도 써라. 10장 채우기를 통해 빨리 쓰는 손과 뇌를 발달시켰으면, 많은 양을 편집하는 손과 뇌도 발달시킬 수 있다.

09. 10장을 채웠을 때 쾌감을 상상하라

하루 10장 쓰기 도전을 선포하고, 며칠 동안 실패를 하였다. 아니 몇 주 동안도 실패하였다. 그렇게 시행착오를 겪다가 하루 10장 쓰기를 성공하였을 때 엄청난 희열을 맛보았다. 10장을 채웠을 때 느낄 수 있는 만족감, 레이싱 대회에서 우승자들이 샴페인을 터트리며 세레모니를 하는 쾌감을 상상하라.

10. 글쓰기의 몰입을 기억하라

'즉시 펜을 들고 써라'의 개념만 잘 인식하면 어찌되었건 10장을 쓸 수 있다. 하루 10장을 채우면서 전화 소리도, 카톡메시지 소리도 무시하고 10장을 채우기에 집중하라. 10장을 채울 수 있는 몰입에 빠져보아라. 어릴 적 젖먹던 힘까지 발휘하여 글쓰기에 집중하고, 10장을 채운 몰입을 기억하라. 우리의 손과 뇌는 기억할 것이다.

11. 메모장을 들고 다니며 생각난 즉시 써라

일상생활 속에서도 메모장을 활용하며 글을 써라. 무엇인가 떠오르면 무조건 써라. 일상에서 떠오른 생각들만 모아도 하루 10장은 충분히 채울 수 있다. 양치질하면서, 혹은 소변이나 대변을 보면서 화장실에서 생각한 시간만큼만 써도 벌써 1장은 채워졌을 것이다.

12. 잠자리 옆에도 메모장과 펜을 놔둬라

침대 옆에 메모장과 펜을 놔두어서 잠들기 전 떠오른 생각을 메모장에 써라. 자기 전에 쓴 글은 벌써 내일 분량을 채우고 있는 것이다. 당신은 '내일 아침에 일어나서 바로 써야지'라고 말할 것이다. 절대로 당신의 두뇌를 믿지 마라. 내일이 되면 밤에 떠오른 생각은 안드로메다로 가있을 것이다. 아까운 분량을 안드로메다로 보내지 말고, 자다가도 떠오른 글을 써라.

하루 10장을 채우고, "아, 글이 잘 써진다. 난 정말 행복하다."라고 외쳐보라. 당신은 내일도 10장을 채울 수 있을 것이다.

글쓰기부터 바꿔라

유혹을 이긴 쾌감이 더 크다

욕망을 이기기란 참 어렵다

작가가 되고 나서 글쓰기에 입문하고 나니 환상적인 작가 생활이
아니었다. 프리랜서로 고정적인 수입이 없다. 물론 책이 출간되
자마자 책도 판매되고, 강연도 연달아 생겨서 이전 직장의 월급
의 3배 이상의 수입이 생긴 적도 있었다. 필자가 하는 다양한 활
동에 플러스가 된 것은 사실이다.

그러나 작가가 되고 포기할 것이 많아졌다. 집필을 위해 새벽잠
을 포기해야 하고, 건강한 몸을 위해 많이 먹는 것도 포기했다. 새
벽에 일어나기 위해서 사람들과 만남을 포기하고, 당연히 야식도
포기해야 한다. 이런 것들이 조금이라도 허락되면 지상의 낙을 맛
볼 수 있는데, 그러지 못하는 현실이다.

언젠가 강연이 있어 서울을 다녀온 적이 있다. 장거리를 이동하
다 보니 집으로 돌아오면 지치기 마련이다. 피로감이 가득할 대 쇼

파에 앉아 TV를 켰다. 잠깐 TV를 보려는 것이, 자연스럽게 채널을 돌리며 누웠다. 결국 잠이 쏟아질 때까지 TV를 보았다. 다음날이 되어 분명 생각은 편안하게 쉬었다고 하지만, 몸은 더 피곤해져 있었다. 이 일을 겪은 후, 강연이 있으면 바로 집으로 가지 않고 카페로 향한다. 카페에 앉아 책 한 권을 읽는다. 강의를 통해 지식을 배출하였으면, 다시금 독서를 통해 지식을 채워넣는다. TV를 보면 피곤함이 커지고 삶이 퇴보한다는 기분이 느껴졌다면, 책을 읽으면 피로가 풀리고 삶이 성장한다는 자신감이 생긴다. 글쓰기에 입문하며 하루 10장을 채우기를 하면 딱 이런 느낌이다. 매일 글쓰기는 지식을 성장시키는 것이며, 마음 속 지혜의 샘을 채우는 기분이다.

〈작가가 작가에게〉의 저자 제임스 스콧벨은 작가가 되겠다는 마음을 먹은 이들에게 시간과 돈을 소모하면서도 엄청난 좌절을 감수할 지도 모른다는 경고를 내린다. 그는 예비 소설가에게 "당신의 내부에 굶주림이 도사리고 있는 것이 보이는가? 그런 욕망이 없다면, 저 험난한 전쟁터에서 오래 버텨낼 수 없다."라고 말한다.

처음 글쓰기에 입문하면, 매일 글을 쓰는 것이 어깨의 무거운 짐으로 느껴질 때가 있다. 매번 무거운 짐을 들고 노동을 한다는 느낌이다. 그런 노동이 자신의 행복을 위해 훈련이 되고, 훈련은 고통스러운 짐을 내려놓고 자유롭게 글을 쓰게 한다. 이런 자유를 느낀 자들은 이제 글을 쓰지 못할 때 무거운 짐을 느낀다. 그들은

글쓰기부터 바꿔라

바쁜 일정 속에서도 글쓰기만 생각하고, '혹시 오늘 글 못쓰는 것이 아닐까'라는 생각에 어떻게 하면 글을 쓸 수 있는지 걱정한다.

폴 오스터는 아침에 일어나 신문을 읽고, 차를 마시고 나서 근처에 있는 작은 아파트로 가서 6시간 정도 글을 쓴다. 그 후에는 우체국에 가고, 딸 아이의 학기말 성적표를 보는 등 잡다한 일들을 처리한다.

그는 리듬을 잃지 않기 위해서 매일 쓰고 가능하면 일요일에도 글을 쓴다고 한다. 여행하는 동안에 완전히 잊어버리는데, 만일 2주 동안 여행을 했다면 전에 했던 리듬을 회복하는 데 일주일은 족히 걸린다고 말했다.

제임스 스콧 벨은 아침에 일단 원두커피를 마시면서 '시동 걸기'를 한다. 그리고 다른 일을 시작하기 전에 가장 먼저 350개 단어를 쓴다. "만일 이렇게라도 글쓰기에 주의를 기울이지 않으면 내 하루는 사소한 일거리, 오락, 방해, 수시로 걸려오는 전화 같은 것들로 채워질 위험이 있다." 그러나 매일 아침에 단어를 재빨리 쓰고 난 뒤에도 여전히 더 쓰고 싶은 욕구를 느낀다고 〈소설쓰기의 모든 것〉에서 말했다.

〈365일 작가 연습〉 주디 리브스

매일 글을 쓰는 사람의 아우라는 특별하다

작가들의 일상은 단순하다. 그들은 글쓰기의 삶을 산다. 폴 오스터 작가처럼 글을 쓰는 리듬을 잃지 않기 위해 글을 쓴다. 제임스 스콧 벨처럼 350개의 단어를 쓰고 글을 쓴다. 매일 글을 쓰는 삶을 사는 것이다.

매일 글을 쓰는 사람의 아우라는 특별하다. 행복한 글쓰기 학교에 참여하는 분 중에 스터디 기간 동안 소설 한 편을 완성한 분이 있다. 그녀는 직장을 출근하기 전 새벽시간을 이용하여 글을 썼다. 매일 새벽 4시에 일어나 컴퓨터가 있는 자녀의 방에 가서 글을 썼다. 고등학생 딸의 잠을 방해하지 않기 위해서 컴퓨터 키보드를 조심스럽게 눌렀다고 한다. 딸도 엄마의 타이핑 소리를 들으며 처음에는 뒤척거렸지만, 반복된 글쓰기가 적응이 되어 신경도 쓰지 않고 잘 잤다고 한다. 필자는 그녀가 쓴 글을 보면서 '매일 글을 쓰는 사람의 아우라가 다르다'라는 것을 느꼈다. 필자도 삶에 쫓기다보면 매일 쓰지 못하는 것이 현실이었던 것이다. 그녀는 매일 글쓰기를 실천한 결과 짧은 기간에도 불구하고 한 편의 소설을 완성하였다.

그녀는 한 편의 소설을 완성하기까지 수많은 유혹을 이겨내는 과정을 거쳤다. 새벽잠의 유혹을 이겨내야 했고, 글쓰기를 포기하고 싶은 마음을 이겨내야 했다. 달콤한 새벽잠의 유혹을 포기하고, 매일 글쓰기를 수행한 결과 하나의 작품을 만들 수 있었다.

글쓰기부터 바꿔라

사람이 유혹을 이기지 못했을 때만큼 후회감이 큰 경우가 없다. 반면, 유혹을 이겨냈을 때의 성과물을 보면, 이겨낸 쾌감이 특별하다. 글쓰기를 방해하는 모든 유혹을 이겨내고, 글쓰기에 매진해보자. 이 세상에는 유혹을 이겨낸 만큼의 짜릿한 쾌감이 없을 것이다.

사랑에는 규칙이 없듯이
글쓰기에도 규칙이 없다

현 시대는 다양한 트렌드 속에 살아가고 있다. 연말이 되면 그 해에 이슈가 되었던 트렌드를 정리하고, 다음 해 트렌드를 예상하는 책들이 쏟아져 나온다. 트렌드 속에 모인 데이터는 하나의 빅데이터로 탄생한다. 이러한 데이터를 모은 인공지능과 사람이 바둑을 대결하는 시대에 우리는 살아가고 있다.

빅데이터는 시대 속에 사람들의 온갖 정보를 규칙으로 정리한다. 사람의 탄생에서 생애주기와 심지어 죽음까지도 규칙을 내린다.

필자는 이러한 규칙을 싫어한다. 모든 것이 만들어진 규칙대로 살아가는 것은 로봇이 되는 것이 아닌가. 이러한 규칙은 사람들에게 잘못된 정보를 전달하기도 하며 불쾌한 일이 생기기도 한다. 인간미가 없어지는 것이 아닐까라는 생각이 들 정도이다. 사람이 사는 것에 있어서 이런 인간미가 없으면 재미없지 않은가.

이것은 글쓰기에도 해당된다. 글쓰기에도 이런 인간미가 있어야 되지 않을까 라는 생각이 든다. 모든 것이 규칙인 시대 속에서 우리는 잠시 멈춰서 생각을 되짚어 볼 필요가 있다.

글쓰기에는 규칙이 없다

규칙을 생각하는 사람들이 오히려 글을 쓰지 못한다. 글을 쓰는 이들 중에 글과 관련된 전공자들이나 전문교육을 받은 이들이 좋은 글을 쓰는 것은 아니다. 이것이 전문적으로 배우지 못한 이들에게 희망을 준다.

글을 쓸 때는 두 가지 관점이 존재한다. 창조적 관점과 비판적 관점이다. 창조적 관점은 독창적이며 생산적이다. 창조적 관점에서는 규칙이 전혀 필요 없다. 비판적 관점은 전문적이면서 안정적이나 규칙에 있어서는 규율이 강하다. 글을 쓰는 이들에게는 두 가지가 모두 필요한 관점이다. 창조적 관점으로 글을 쓰면서 폭발적인 분량을 만들어내고, 분량이 넘친 상태에서 편집을 통해 매력적인 글을 완성할 수 있다. 비판적인 글은 절대로 분량을 채울 수 없다.

이 책에서는 독자의 창조적 관점을 위해서 틀려도 상관없다는 것을 지속적으로 강조할 것이다. 필자가 무수히 많이 틀렸기 때문이다. 특별한 법칙이 존재하지 않고, 그저 글만 쓰면 된다. 논리 같은 걸 집어넣어라.

앤 라모트는 "완벽주의는 당신의 글쓰기를 망치고, 창조성과 장난기와 생명력을 방해한다."라고 주장한다. 서툴게 시작한 사랑의 표현이 인연이 되어 연인이 되듯이 형편없는 초고를 다듬어 가면서 훌륭한 원고로 거듭나는 것이다.

규칙이 없는 것이 더 매력적이다. 이 책에서 제시하는 글쓰기 방법은 글쓰기에 입문하는 이들에게 좋은 팁을 주기 위한 내용이지 절대적인 글쓰기 방법이 아니다. 물론 작가나 출판사 입장에서는 절대적인 책이 필요하겠지만, 그러기 싫다. 필자의 자유가 독자에게도 자유가 될 테니 말이다. 중요한 것은 규칙에 얽매이는 것보다 자유로운 것이 더 창조적인 글을 만들어 낸다.

절대적인 책은 없다. 틀려도 상관없고, 글을 쓰다가 어긋나도 상관없다. 매일 글쓰기 연습에는 특별한 법칙이 존재하지 않는다. 매일 글만 쓰면 된다. 규칙이라곤 자신이 정한 시간동안 펜을 쓰는 것을 멈추면 안 되는 것이다. 논리 같은건 집어넣어라.

> 사람들은 성공한 작가들, 즉 책을 출판하는 일로 경제적인 안정을 얻은 작가들을 바라볼 때 그들이 매일 아침 백만장자처럼 느끼면서 자기 작업대에 앉아 있을 거라고 생각하는 경향이 있다. 그리고 자신감이 넘치며 자신의 재능과 자기가 쓰게 될 위대한 이야기에 대해 자부심

을 느낄 거라고 생각한다. 그들은 한두 번 심호흡을 한 다음, 옷소매를 걷어붙이고, 목 근육이 풀리도록 목을 몇 번 돌린 다음, 펜을 들자마자 법원의 속기사처럼 재빨리 완성된 형태의 단락을 타이핑할 것이라고 말이다. 그러나 이것은 미경험자의 환상일 뿐이다.

<글쓰기 수업> 앤 라모트

한 권의 책을 집필하는 데, 출산의 고통을 겪는다. 그 고통의 기억 덕분에 한 권을 출산하고 조용히 사라지는 작가들이 많다. 필자도 마찬가지였다. 글을 쓰는 작가라고 소개는 하였지만, 막상 콘업인 글쓰기는 계속 미루고 있었다.

둘째를 임신하는 사람들은 첫째를 출산하는 고통을 금방 까먹는 사람들이다. 이와 같이 필자도 출판사에서 '글쓰기' 관련 주제의 책을 써달라는 제의를 받았을 때, 첫 번째 집필한 고통의 시간은 금방 까먹고는 집필을 시작하게 되었다. 글쓰기의 고통을 벗어나는 비결은 빨리 까먹는 것이다.

예술은 측량할 수 없을 정도로 큰 세계다. 시를 쓰든 소설을 쓰든 간에 이것 아니면 저것이라는 법칙은 없다. 진짜 중요한 것은 작품과 더불어 우리의 삶을 꾸려 나가는 과정이다. 위대한 작품을 남기고도 나중에는 정신병자나 알

코올 중독자, 심지어 자살로 생을 마감한 작가들이 얼마나 많은가. 이들은 우리에게 올바른 정신으로 살아간다는 것이 무엇인지 다시 한 번 생각하게 만든다.

글쓰기는 복잡한 규칙이 필요하지 않다. 글쓰기는 복잡한 공식들로 이루어진 것이 아니다. 글쓰기에 대해서 아무것도 모르기에 무엇이든지 쓸 수 있다. 글쓰기에 대해 모르면 모를수록 순수하게 쓸 수 있다. 순진한 바보라고 놀리지만, 순수성이 가득한 사람을 뜻하지 않는가.

때로는 너무나 많은 공식들이 글쓰기를 방해한다. 그래서 공식들을 모른다는 것을 한탄하는 것이 아니라, 오히려 다행스럽게 생각해야 한다. 문제는 자신이 모르는 것을 안다고 했을 때 생기는 것이다.

글쓰기는 마치 삶의 거울 같아서 순수하게 글을 쓰면 투명하고 순수해진다. 반대로 자신의 것을 감추고 꾸미려하면 의구심만 남는 글을 쓰게 되는 것이다.

사람들은 규칙을 정해주길 원한다. 규칙에서 자유로워야 한다. 누군가 규칙을 제시하면, 필자는 그 규칙에서 조금 변형을 시키려고 한다. 거기서 창조적인 생각이 시작되는 것이다. 창조의 어머니는 모방이라는 절대적인 사실을 기억하자.

글쓰기부터 바꿔라

| 글쓰기 연습 |

Saturday 키워드 '시대의 영웅'

토요일은 '시대의 영웅'으로 살아보자.

글 쓰 기
부터 바꿔라 4

일상이 걸작이 되게 써라

꿈을 담은 글쓰기

많은 사람들이 글쓰기에 헛된 꿈을 가지고 있다. 모든 사람들이 자신의 글이 엄청난 책이 되어 부자가 될 것이라고 생각한다. 혹시 이 책을 읽는 사람도 이런 꿈을 가지고 있다면 책을 그냥 덮어주길 바란다. 필자는 돈을 많이 버는 글쓰기가 아닌 그것을 초월하여 행복한 글을 쓰는 방법과 그 글을 통해서 많은 사람들에게 희망과 꿈을 전하는 방법을 담고 싶다. 고로, 이 책은 행복한 글을 쓰는 방법을 알고 싶어 하는 이들에게 위한 책이며, 행복한 글을 통해서 세상에 선한 영향력을 전하고자 하는 이들을 위한 책이다. 부자가 되고 싶다면 투자와 관련된 책을 읽기를 적극 권장한다.

첫 번째 책을 팔기 전에는 출판이 되기만 하면 그 즉시 자동적으로 나에게 행복이 찾아올 것만 같았다. 출판은 그 자체로 확실하고 낭만적인 경험이 될 것이고, 야생화

글쓰기부터 바꿔라

가 흐드러지게 핀 초원을 슬로모션으로 달려가는 광고
처럼, 나의 천재적인 재능에 열광하고 환호하는 대중 속
을 신나게 누비고 다닐 수 있을 것이라 믿었다. 그러나
나에게 실제 그런 일은 일어나지 않았다.

〈글쓰기 수업〉 앤라모트

그러나 나에게 실제 그런 일을 일어나지 않았다

앞서 돈을 많이 버는 글쓰기가 아니라고 고백하였지만, 필자도 앤
라모트 작가처럼 똑같은 경험을 하였다. 계약이 되고 나서 탈고가
된 후 책이 출판되면 인생이 바뀔 줄 알았다. 강연 요청이 쇄도하
고, 방송 요청에 바쁠 줄만 알았다. '그러나 나에게 실제 그런 일은
일어나지 않았다.'라는 앤라모트의 고백처럼 필자도 그런 일은 일
어나지 않았다.

필자에게 작가라는 직업이 억만장자가 될 것이라고 소개한 사
람에게 불만이 있었으나, 오히려 진실한 삶을 찾게 되어 다행이
라는 생각이 들었다. 글쓰기를 통해 필자만 부자가 되고 성공하
는 헛된 꿈을 꾸지 않는다. 필자의 글을 통해 꿈과 희망을 가지게
될 사람들을 위해 글을 쓰고자 다짐을 하였다. 이것이 진실한 작
가의 삶이라는 것을 깨달았기 때문이다.

〈독서법부터 바꿔라〉의 에필로그에도 밝혔지만 집필을 하면서

여러 가지 어려움이 있었다. 탈고를 예정했던 시기보다 훨씬 더 오래 걸렸고, 지쳐가기 시작했다. 원고를 수차례 고치면서 포기하고 싶은 마음까지도 들었다. 이 시점에 집필을 멈추고, 왜 글이 안 써지는 지를 되짚어봤다. 나의 욕심이 아닌 집필한 책을 통해서 전해질 영향력을 고민하고, 집필한 책을 통해 변화될 사람들을 생각했다. 그와 동시에 사람들에게 독서를 가르치기 시작하였다. 그렇게 모이기 시작한 모임이 이제는 내 삶의 일부가 되었다.

한 달에 한 번 정기적으로 모이던 모임이 늘어나기 시작하였다. 2주에 한 번 모이는 시간도 매 주, 다양하게 모이는 모임으로 바뀌었다. 본래 취지는 리딩플랜이라는 타이틀로 1단계부터 시작된 모임을 3단계로 성장시켜 졸업을 하는 과정으로 만들려고 하였다. 그런데, 모임에 참여한 사람들이 독서를 통해 삶이 바뀌고 3단계로 끝을 맺는 것을 아쉬워했다. 자신들이 졸업을 거부하고 매주 모이는 모임으로 커뮤니티가 형성이 되었다. 이제는 미라클팩토리라는 타이틀로 지속적으로 프로그램을 개발하면서 매일 모이는 자기계발센터로 성장하였다.

제 책은 부끄럽기 짝이 없는 책입니다. 사실 이 책은 1년 전 탈고되었고, 출판사에 넘기면서 책으로 저의 성공과 명성을 꿈꾸고 있었습니다. 1년 전 탈고되었지만, 계약이 지체되거나 출간 일정이 지체되어 버렸죠. 이 경험

글쓰기부터 바꿔라

을 통해 욕심으로 가득 찬 정말 부끄럽기 짝이 없는 저의 모습을 발견했답니다. 저의 삶을 반성하며 책의 비전을 다시 설정했습니다. 애초에 비전은 독서법부터 바꿔라는 대한민국 사람들의 독서량을 높이는 사명을 가지고 있습니다. 독서를 모르는 이들과 독서방법을 배우고 싶은 이들, 하루 10권 이상의 읽고 싶은 분들, 독서로 삶을 바꾸고 인생을 역전하고 싶은 분들을 위한 책입니다. 그 다음으로 이 책이 진정으로 필요한 사람은 당연 북한에서 오신 분들입니다. 이들이 체제가 다른 곳에 와서 정보를 얻고 공부를 하기 위해서는 독서가 가장 필요하고 중요하지요. 더 나아가 통일이 되면 북한 사람들에게 독서법과 독서교육이 가장 필요할 것이라 생각이 듭니다.

기성준 작가의 SNS 고백

누구를 위함인가를 생각하라

매년 찾아오는 크리스마스를 어떻게 보내는가? 크리마스는 계수님의 생일인데도 불구하고, 수많은 술집은 부흥하고 모텔에는 자리가 없다고 한다. 그렇게 보내는 크리스마스는 아무런 의미가 남지 않고, 그저 케롤송이 유행하는 날이다.

이런 크리스마스에 독서모임에서는 부산지역의 백혈병어린이 50명에게 산타가 되어 선물을 주는 행사를 기획하였다. 이런 행사를 기획하니 여러 곳에서 100만원 이상의 기부금이 모이고, 많은 선물이 기부되었다. 도란이라는 도자기 공방사장님은 2주일 만에 50개의 목도리를 직접 짜서 기부하였다. 동참한 이들 모두 백혈병 어린이들에게 희망과 용기를 전해주기 위해 손길을 더하고 의미 있는 특별한 크리스마스가 되었다. 누군가를 위한 크리스마스를 보냈을 때, 특별한 크리스마스가 된 것이다.

대상을 생각하면 꿈이 달라진다. 자신만의 사리사욕만 채우는 것이 아닌, 누군가를 위한 꿈을 가져라. 당연히 글쓰기도 마찬가지다. 자신의 사리사욕만을 채우는 것이 아닌 누군가를 위한 글을 쓰는 것이다. 글을 쓰기 전 눈을 감고 이 글을 읽을 사람들을 상상한다. 필자의 마음속에 계속 되묻는다. 누구를 위한 글인가? 이 글은 누가 읽을 것인가?

글쓰기 주제로 집필을 요청 받고 집필을 하면서 진도가 나가지 않을 때, 이 질문을 되새겼다. 글쓰기 수업을 진행하면서 글은 삶의 아픔을 치유하며, 꿈을 가지게 한다는 걸 깨달았다. 이 책을 통해 사람들에게 삶의 아픔을 치유하고, 꿈을 가지게 하는 상상을 시작했다. 앞으로도 글을 쓸 때 누구를 위함인가를 항상 다짐하려고 한다.

글쓰기부터 바꿔라

탁월한 글과
탁월하지 못한 글의 차이점

나이는 중요하지 않다

책을 출판하는 방법에 대한 메일을 받은 적이 있다. 나이가 어린 데도 책을 출판할 수 있는지, 출판사 선정하는 방법 등을 질문하였다. 이런 질문을 받으면 성심성의껏 대답한다. 필자 역시도 책을 출간하기 전 이런 고민을 한 적이 있었고, 20대에 책을 계약한 나이가 어린 작가이기 때문이다. 책 한 권을 출판하는 것은 취미적 글쓰기에서, 전문적 글쓰기로 넘어가는 것이다. 즉, 취미적 글쓰기는 산책이나 가벼운 러닝에 비유하면 전문적 글쓰기는 전력질주나 마라톤에 비유할 수 있다.

전문적 글쓰기는 재미로 글을 쓰는 것을 넘어, 하나의 주제를 꾸준하고 깊이 있게 쓰는 것이다. 글쓰기에는 나이가 중요하지 않다. 또한 자신의 환경과 처지도 중요하지 않다. 앞서 소개한 수많은 대문호들이 다양한 처지에서 글을 쓴 것을 기억하면 된다.

미국의 경우 통계상으로 100만 종 이상의 원고가 출판을 기다리고 있다. 이들 중 겨우 1퍼센트만이 출판 계약을 얻는다. 그 중에 일부만 베스트셀러가 된다. 아마도 책 시장이 좁은 우리나라의 경우는 더 할 것이라 생각이 든다. 과연, 어떤 원고가 채택이 될 것인가. 이 질문에 대한 답은 쉽게 찾을 수 있다. 그 답은 서점에 있다. 서점에 가서 현재 판매되고 있는 책들이 답이다.

출판사는 어떤 글을 책으로 출판해줄까?

자, 그러면 출판사의 입장이 되어보자. 출판사 입장에서 어떤 글이 좋은 글일까? 또 자신이 쓴 글을 과연 출판사에서 출간해줄까? 라는 질문에 스스로 답을 찾아볼 필요가 있다.

출판사에서 첫 번째로 중요하게 생각하는 것이, 당연히 분량을 채울 수 있는 것인가이다. 한 권의 책을 만들기 위한 완성도가 중요하다. 한 권의 책이 나오기 위해서는 200~300페이지 분량의 글이 되어야 한다. 보통 한 권의 책은 200자 원고지 800매에서 1,000매 정도의 분량이다. A4지로 하면 100페이지에서 150페이지 정도의 분량이다. 즉, 글을 쓰는 사람은 기본 A4지 100장 분량의 원고를 쓸 수 있는가에 답을 해야 한다. 자신이 출판사에 원고를 투고하는 것은 "나는 100장 분량의 원고를 쓸 수 있어요"라는 것을 말하는 것이다.

글쓰기부터 바꿔라

그 다음으로 책이 시장, 즉 일반서점이나 인터넷 서점에서 팔릴 것인가이다. 하루에도 수십 권에서 수백 권의 책들이 출간된다. 그 중에서 자신이 쓴 책이 사람들의 눈에 띄고, 사람들에게 팔리는 책이 될 것인가? 이 질문에 스스로 답을 먼저 해야 한다. 이 질문에 답을 찾기 위해서 자신이 쓰고 싶은 글을 A4지 5장 정도의 글을 써서 먼저 주변사람들에게 보여주는 것이다. 자신의 부모님부터 친구들, 선생님에게 보여주어 평가를 받아보라. 요리사가 되기 위해서는 자신의 요리를 주변 사람들에게 먼저 인정을 받아야 하듯이, 글도 출판사에 통과되기 전 먼저 주변사람들에게 좋은 평가를 받아야 한다. 책을 출간하면 당연히 주변사람들이 먼저 사즐 테니깐 말이다.

책을 출판하는 방법은 출판사의 계약을 통해서 출판하는 방법과 자비로 출판하는 방법이다. 출판은 대략 500~1,000만원 정도의 비용이 드는데, 출판사에서 계약을 해서 출판을 해주는 것은 출판비용만큼 팔려야 된다는 뜻이다. 즉, 서점에서 팔릴 수준의 책의 완성도와 내용이 갖춰져야 된다는 말이다. 그렇게 되기 위해서 열심히 써야한다. 500만원 이상, 1,000만원만큼의 글을 써내야 한다는 것이다.

대한민국 출판사가 300군데가 넘는다. 500만원 이상의 가치를 담은 글을 쓰면 어디에서든 출판해주는 출판사가 있다. 출판사의 기준은 계약 출판하는 경우 이 책이 서점에서 팔릴 것인지, 500만원 이상의 가치가 있는지 판단을 할 것이다. 그런데 하루에도 수백 권의 책이 출판되는데 금방 사라지는 책들이 많다는 것을 알아야 한다.

물론, 필자에게 고민 상담을 요청하는 분들에게 이렇게 자세히 출판과정을 소개하지 않는다. 책을 출판하고, 판매하는 것보다 글을 쓰는 것이 가장 중요하기 때문이다. 대부분의 사람들이 글을 쓰는 것보다 책을 출간하는 방법과 출판사 선정, 또 출판을 통해서 돈을 버는 방법에 초점을 맞추고 있다. 이것은 잘못된 초점이다.

아마도 이런 고민은 필자만 한 것이 아닌 것 같다. 수많은 작가들은 이런 질문을 받을 것이다. 글쓰기 수업의 저자 앤라모트도 이런 질문을 받았다고 한다.

"출판 에이전트는 어떻게 만나죠?"
그게 그들이 진짜로 묻고 싶었던 것이다.
나는 한숨을 쉰다. 당신이 글 쓸 준비가 되기만 한다면, 에이전트의 명단이 담긴 책들이야 어디서든 쉽게 구할 수 있다. 당신은 마음에 드는 사람들의 이름을 선택한 후 편지를 써서, 그들이 당신 작품을 읽어 줄 용의가 있는지 물어보기만 하면 된다. 대부분 그들은 그러지 않으려 할 것이다. 하지만 당신이 정말로 훌륭하고, 끈기 있는 사람이라면, 누군가는 마침내 당신의 작품을 읽어보

고 당신을 선택할 것이다. 그것만은 내가 보장할 수 있
다. 그러나 그 동안, 우리는 글쓰기 자체에만 집중해야
한다. 어떻게 더 나은 작가가 될 것인지에 대해서만 고
민하는 것이다.

〈글쓰기 수업〉 앤라모트

뚜렷함을 위해 글을 써라

글쓰기는 흐릿한 주장을 뚜렷하게 만드는 것이다. 뚜렷한 주장을
만들기 위해서라도 글쓰기를 일단 시작하라. 많은 사람들이 늘 궁
금해 하는 출판 에이전트는 언제든 만날 수 있다.

필자는 블로그를 통해서 다양한 활동을 꾸준히 올렸다. 다양한 활
동 중에는 집필활동이나 강연활동, 또 통일과 관련된 활동이 있었
다. 그러던 어느 날, 필자에게 어떤 출판사에서 연락이 왔다. 통일
과 관련된 책을 진행하고 싶다는 것이었다. 출판사와 미팅을 통해
알게 되었는데, 통일과 관련된 서적을 준비하는 도중 통일전문가
와 연결을 할까, 작가와 연결을 할까 고민을 하였다고 한다. 그 중
에 통일분야로 꾸준히 활동을 하면서 작가가 된 필자를 알게 되었
다고 한다. 전문가나 교수들만 쓰는 시리즈에 필자가 참여할 수 있
게 된 것이다. 꾸준한 활동을 하였지만, 통일과 관련된 전공자도
아닌 사람이 집필에 참여하게 된 것이다. 이러한 삶이 글을 쓰는
사람들에게 용기를 전해줄 것이라 생각이 든다.

메러디스 매런은 "돈벌이를 위해 글을 쓰는 것은 어리석다. 글을 쓰려면 다른 작가들이 늘 그래왔듯 돈보다 더 큰 만족을 추구하라."라고 말한다.

출판사에서 계약을 요청할만한 글을 써라. 그저 돈을 벌고자하는 글이나 명예를 얻고자 하는 글은 유명인들이 이미 많이 쓰고 있다. 그런 글 말고, 자신만의 진정한 글을 써보라. 그런 글은 분명 감동을 전해줄 것이라 생각한다. 글을 쓰는 것에 대한 순수성, 글쓰기를 행복하고 설렘이 가득한 행위로 느끼고 남들에게 전하고 싶으며 돈을 안 받아도 보여주고 싶고 지속적으로 쓰고 싶은 글, 출판과 돈벌이 이상의 글을 써라. 이는 독자들도 알게 되고 세상도 알게 될 것이다. 여기에 덧붙여서 자신의 글을 통해 사람들에게 선한 영향력을 전해주는 글이 탁월한 글이다.

영향력 있는 작가가 되기 위한
7가지의 노력

작가는 직업이 아니다. 작가는 세상의 진정한 가치를 발견하고, 글로써 가치를 전달하는 사람이다. 전쟁과 같은 삶을 살아가는 독자들에게 아름다운 가치를 전하는 사람이다. 그들의 삶을 산처럼 보듬어주고, 바다처럼 품어주는 글을 써야 한다.

글을 쓰는 사람들은 모두 작가가 될 수 있다. 그러나 모든 사람들이 영향력 있는 작가가 되는 것이 아니다. 다른 사람들에게 선한 영향력을 전하는 작가가 되기 위한 7가지 방법을 소개한다.

1. 건강한 몸을 유지해라

건강한 육체와 정신에서 건강한 글이 나온다. 그러기 위해 건강에 좋은 음식을 먹어야 하며, 체력을 길러야 한다. 건강을 위해서 술·담배를 권하지 않는다. 스트레스 받는다고 술·담배를 하면 글을 읽는 사람도 스트레스 받을 것이다. 당연히 음란한 생활도 금한다. 좋은 작가란 육신과 정신도 건강한 사람이다.

2. 치열하게 읽어라

영향력 있는 삶을 살기 위해서는 치열하게 읽고, 공부해야 한다. 책 한 권을 출간하고 몇 년째 책을 내지 않는 사람들을 보면 대부분 독서를 소홀히 하고 있는 사람들이다. 그들에게 책을 얼마만큼 읽는지에 대해서 질문을 하면 대답을 회피한다. 독서하기를 잊어버리면서, 자연스럽게 글을 쓰는 법도 잊어버리게 된다.

3. 활짝 웃어라

글을 쓰면서 얼굴을 찌푸리고 있는가? 당신 글도 인상 쓰고 있을 것이고, 그 글을 읽는 독자들도 인상을 찌푸릴 것이다. 글을 쓰면서 의도적으로라도 웃어라. 좋은 작품을 집필하면서, 아름다운 미소도 얻을 것이다. 이것이야 말로 일석이조 효과이다.

글을 쓰게 되면 세상과 만나게 된다. 책을 계약하게 되면 출판사 직원과 만나게 되고, 강연을 하게 되면 독자와 만나게 된다. 이런 만남은 글을 쓰면서 쌓아온 웃음을 마음껏 발휘할 수 있는 무대이다. 사람들은 책의 인상만큼, 얼굴의 인상도 잘 기억한다. 좋은 글과 좋은 인상을 위해 활짝 웃어보자.

글쓰기부터 바꿔라

4. 인간관계를 잘 유지하라

글을 쓰는 것과 삶을 살아가는 것을 동일하게 생각해야 한다. 글에는 환상적인 내용을 써놓고, 정작 주변사람들과의 관계가 좋지 않는 사람들이 있다. 그런 사람들을 보면 그 사람들이 쓴 글에 의구심이 든다. 백화점의 마네킹이 화려한 옷을 입고 있어도 마네킹일 뿐이다. 우리의 삶은 쇼윈도우적 삶이 아니다. 사람의 성품은 당연히 글로 이어진다. 사람과 관계가 좋고, 예의로운 사람은 아름다운 글쓰기를 넘어 행복한 삶을 허락받을 것이다.

5. 삶의 속도를 늦춰라

모든 운전자들이 공감하듯이, 정상적으로 주행하다가도 위험하게 끼워들면 화가 치밀어 오른다. 그렇다고 차 안에서 화를 내면 함께한 이들에게 화를 내는 것이다. 심지어 보복운전을 하면서 큰 사고를 일으키는 경우도 있다.

이런 화나는 상황을 극복할 수 있는 비결은 바로 속도를 늦추는 것이다. 삶 속에서 여유를 가지며, 사람들이 끼워들 틈을 허락하자. 그렇게 여유로운 삶은 정신없이 살아가는 사람들에게 여유를 허락한다.

글을 쓰는 사람은 여유 있는 삶을 살아야 한다. 바쁜 사람들이 끼어들 틈을 허락하고, 화난 사람들의 화를 품어주고, 그런 삶은 세상을 여유롭게 할 것이며, 아름다운 글을 쓸 것이다.

6. 나누어라

고인물이 썩듯이 나누지 않으면 썩어버린다. 글을 쓴다고 독방에 갇혀있으면 결코 좋은 글을 쓸 수 없다. 세상은 보기에만 좋은 글을 원하지 않는다. 당신의 삶을 통해서 얻은 감동의 글을 원한다. 그 감동은 나눔으로 시작된다.

필자가 진행하는 독서모임에서는 매달 아동센터에 봉사활동을 나간다. 독서와 글쓰기로 끝나는 것이 아니라 봉사를 통해 실천하기 위함이다. 저소득층 아이들에게 독서를 가르치면서 함께 깨달은 사실이 있다. 아이들을 위해서 시작한 봉사이지만, 아이들을 보면서 더 열심히 살아야겠다는 마음을 품었다. 봉사는 우리들의 삶을 더 가치 있게 만들어 주었다. 당신의 글도 나눌 수 있는 가치를 담아라.

7. 감사하라

짜증은 짜증을 낳고, 감사는 감사를 낳는다. 짜증나는 기분으로 글을 쓰면 짜증나는 글을 만들 것이다. 아무리 짜증나는 일이 생겨도 감사의 마음을 가지면 짜증은 걸러지고 감사를 전하는 글을 쓸 수 있다. 감사가 담긴 글은 읽는 이의 짜증도 감사로 바꾸는 마법을 만들어 줄 것이다.

"다른 이들보다 더 잘 하려고 노력하지 않아도 좋다.

그저 당신이 할 수 있는 한에서 최고가 되도록 노력하라."

미국농구코치 존 우든

영향력 있는 글을 쓰기 위해 최선을 다해 노력해야 한다. 글을 쓴다고 하면서 TV를 보고 스마트폰을 본다면 과연 감동의 글을 쓸 수 있을까 라는 생각을 해야 한다. 이 글은 조금이라도 틈이 생기면 게을러지는 필자에게 말하는 말이다. 스마트폰과 TV는 그단보고, 인터넷 서핑도 그만하고, 감동의 글을 쓰는 사람이 되어보자.

피카소가 매일 방문한
창작 공간

"상상할 수 있는 모든 것은 현실이 될 수 있다."

파블로 피카소

미술의 거장 파블로 피카소는 평생 50,000점이 넘는 작품을 그렸다. 26세에 자신만의 그림을 그리기 시작한 그는 60년 동안 일 년 평균 833점을 그린 것이고, 이는 하루에 2.2점의 작품을 그렸다는 것이다.

모든 사람들이 피카소와 같은 인물이 되는 꿈을 가진다. 그러나 매일 2개 이상의 작품을 만들어 내는 사람은 드물다. 피카소처럼 매일 그림을 그리는 것은 쉽지 않을 것이다.

피카소가 매일 방문한 공간이 있다. 이 공간은 우리도 방문할 수 있다. 심지어 모든 사람들이 매일 이 공간을 방문한다. 피카소처럼 매일 그림을 그리기는 쉽지 않다. 그러나 우리가 피카소가 매

글쓰기부터 바꿔라

일 방문한 공간을 갈 수는 있다. 현재 당신도 매일 찾고 있다. 아마 오늘 이곳을 다녀왔을 것이다. 이 공간에서는 철저히 혼자만의 시간을 가진다. 그리고 자신이 간직하고 있는 것을 창조적으로 배출한다. 여기서 창조한 것은 어떠한 형태를 가지고 있어도 상관없다. 모양도, 크기도, 색깔도 사람들이 배출된 작품은 제각각이다. 피카소가 방문하였고, 모든 사람들이 방문한 이곳은 다름 아닌 화장실이다. 사람들은 매일 화장실을 방문하여 아랫배에 힘을 주며 마음껏 창작활동을 펼친다.

글을 배출하는 '똥싸기 수업'

부산동여자중학교의 박종혁 국어선생님은 학생들과 함께 '똥싸기' 수업을 한다. 화장실에서 하는 '똥을 싸는 것'을 표현한 것이 아니라, '글쓰기는 똥싸기다.'라고 표현한 것이다. 자신의 생각을 글로 마음껏 배출하는 활동이다. 한 줄 쓰기를 시작으로, 보고 들은 것 쓰기, 친구 별명 짓기 등과 함께, 심지어 선생님 욕 쓰기까지 자신의 생각을 마음껏 배출하는 것이다. 마치 자신이 먹은 것을 화장실에서 아랫배에 힘을 주며 싸듯이, 자신의 생각을 마음껏 글로 싸는 것이다.

똥이라고 표현해서 더럽게 생각할 지도 모르지만, 입으로 먹은 것은 누구나 배출해야 하는 것이다. 몸에 좋은 싱싱한 음식을 먹어도 똥으로 배출된다. 입으로 들어간 것은 소화시켜서 배출되는 인간의 자연스러운 활동이다. 이 활동을 못하면 누구도 걸리고 싶지 않은 변비에 걸리고 만다. 입으로 먹은 것을 싸는 것은 더러운 것이 아니다. 오히려 아름다운 입으로 똥보다 못한 말을 쏟아내는 것이 더러운 것이다.

> 글쓰기는 내가 이 세상에 존재하는 방식이다. 먹고, 자고, 쓰는 일은 모두 내 삶에서 떼어낼 수 없는 부분들이다. 왜 숨을 쉬는지 생각하지 않듯, 나는 왜 글을 쓰는지 생각하지 않는다. 숨을 쉬지 않으면 안 되는 것처럼, 글을 쓰지 않으면 살 수 없기 때문이다.
> 글을 쓸 때면 나는 자신의 존재를 인식하지 못한다. 나는 내 글 속, 등장인물들 속에 있다. 일을 하다 말고 문득 본 시계가 저녁 10시를 가리키고 있을 때, 그리고 마지막으로 시간을 확인했을 때가 정오였음을 깨달을 때, 글이 잘 써지고 있음을 확인할 뿐이다.(라난 문학상 기시 젠의 유혹적인 글쓰기)
>
> 〈잘쓰려고 하지마라〉 매러디스 매런

글쓰기는 세상에 존재하는 방식이다. 먹고, 자고, 똥을 싸듯이 글을 쓰면 된다. 삶을 살아가는 기본적인 활동을 어렵게 생각하는

글쓰기부터 바꿔라

사람들은 없다. 글쓰기도 이와 같다. 자신이 가지고 있는 생각을 마음껏 배출하면 된다. 자신이 쓴 글이 잘못되었다면, 시원하게 변기의 물을 내리듯 버리면 된다.

화장실에서 생각한 것만 쓰더라도 평생의 멋진 작품을 하나 만들 수 있을 것이다. 매일 2개 이상의 작품을 그리는 것은 어렵지만, 화장실에서 매일 작품을 구상하는 것이다. 위대한 피카소도 화장실을 갔을 것이다. 그와 같이 우리도 창작의 공간인 화장실에서 배변활동을 통해 위대한 피카소를 꿈꾸어 본다.

> "심지어 내가 틀릴 수 있다는 것을 알고 난 뒤에도
> 나는 실패를 계속했다.
> 오로지 쓰러질 때에만 다시 일어날 수 있다."
>
> 빈센트 반 고흐

모든 예술 활동의 특별한 기술은 바로 실패이다. 성공하는 사람들은 실패를 경험하고, 계속해서 일어나는 사람들이다. 글쓰기도 자꾸 실패를 해야 한다. 실패를 통해 잘 쓰는 기술을 터득할 수 있다.

필자의 경우 20대에 책을 집필한 작가이다. 첫 책은 20대에 싸버린 글이라고 할 수 있다. 20대 작가라고 해서 대단한 천재가 아니다. 부족함이 가득한 사람이다. 단지 다른 사람들보다 일찍 독서

를 터득했을 뿐이다. 여기서 고백하지만, 첫 책은 부끄러움이 많은 작품이다. 책 속에는 '해리포터'를 '해피포터'라고 오타가 인쇄되어 있다. 그 외에도 오타가 무수히 많다. 그 오타도 필자가 찾아낸 것이 아니라, 독자들이 제보해 준 것이다. 이런 결과를 통해서 마음에서는 '머리에 피도 안 마른 애송이가 무슨 글을 쓰냐.'라고 말하고 있다. 이런 생각이 들면 부끄럽기만 하다. 첫 책을 갈기갈기 찢어서 변기에 버리고 싶다.

그러면서도 '누군가는 글을 쓰고 싶은 사람은 필자의 글을 보며 용기를 가지고 있다.'라는 생각에 희망을 가진다. 필자처럼 부족함이 가득한 사람도 글을 썼으니 누군가는 분명 용기를 가질 것이다. 감사하게도 많은 사람들이 필자의 책을 읽고 후기를 써주시고, 감사의 메일을 보내주셨다. 대학생들부터, 군인들과 필자보다 연배가 있으신 분들, 심지어 독일과 중국 유학생들도 필자에게 메일이 왔다. 이런 독자의 반응에 용기를 가지고 두 번째 책을 집필하였다. 앞으로도 계속 글을 쓸 것이다. 매일 똥을 싸듯이 매일 글을 쓸 것이다. 누군가 이 글을 통해 용기를 가지고, 필자와 같이 글을 싸는 활동에 동참하면 너무나 기쁠 것이다. 그 주인공이 당신이 되길 기대해 본다.

글쓰기부터 바꿔라

세상 스트레스를 칼부림이 아닌
글부림으로 풀어라

몇 개월 전부터 층간소음과 전쟁을 치르고 있다. 집에서 글을 쓰고 있으면 아무래도 예민한 상태인데, 층간소음은 엄청난 스트레스를 안겨다 주었다. 새벽에도 쿵쿵거리고, 늦은 밤에도 쿵쿵거리니 집필만이 문제가 아니라 생활에도 지장이 있었다. 층간소음으로 이웃 간의 칼부림을 일으켰다는 뉴스를 종종 들은 적이 있었는데, 필자에게도 그런 상황이 온 것이다.

미라클팩토리의 직원과 이 주제의 이야기를 나누니, 자신도 아랫집에서 갑작스럽게 찾아왔다고 한다. 남동생과 아빠의 걸음소리가 조금 큰데, 몇 개월 동안 참다가 올라와 크게 화내고 돌아갔다고 한다. 층간소음의 문제는 필자만의 문제가 아니었다.

불평은 불평을 계속 낳았다. 필자의 불평은 아내에게도 전달이 되었고, 아내도 층간소음이 들릴 때마다 계속 불평하였다. 그 불평은 경비실에도 전달되었고, 당연히 윗집에게도 짜증스러운 일이 되었다. 층간소음을 일부러 낸 것도 아닌데 신경 쓰이는 부분이라 예민해 진 것이다.

아파트를 바꿀 수 없는 마당에 감사의 제목으로 바꾸었다. 새벽부터 들리는 발걸음 소리는 알람소리로 생각해서 ‘나를 부지런하라고 깨워주시는 구나’라고 생각했다. 늦은 밤의 소음은 ‘딴 생각하지 말고, 집필에 집중해라’라는 메시지로 생각했다.

그러다 문 듯, 필자의 책을 한 권 선물로 드려야겠다는 생각이 들었다. 필자는 인터넷에 인물검색도 되고 전국으로 강연을 다니고 있다. 그런데 정작 이웃은 누군지도 모르고, 이웃 역시 필자가 누군지 모르는 사람이었다. 책 한 권 드리는 것을 통해 필자를 홍보하는 것도 있으니 좋은 생각이라고 들었다.

책 한 권 드리기 위해서 깔끔하게 씻고, 옷을 갖춰 입었다. 물론 오전부터 강연이 있어서 준비과정이었다. 계단을 올라가 윗집의 벨을 눌리고 아랫집에서 왔다고 전했다. 당연히 반갑지는 않았을 것이다. 층간소음 때문에 몇 번이고 안 좋게 마주쳤기 때문이다. 그래도 밝게 웃으며 이번에는 그 문제가 아니라 필자의 책을 선물을 주기 위한 것이라고 하였다. 반갑지 않던 미소는 밝은 미소가 되어 짧지만 웃으면서 대화를 나눌 수 있었다. 책 한 권을 선물하는 것뿐이었는데, 이전에 있었던 층간소음 문제는 사라지고 서로 웃을 수 있는 시간을 가진 것이다.

인사가 끝나고 강연을 떠나는 길의 발걸음은 굉장히 가벼웠다.

글쓰기부터 바꿔라

이전의 불만들은 사라지고, 마음속으로 따뜻함을 느꼈다. 아내에게도 전하니 필자를 자랑스럽게 생각해주었다. 아내의 불만도 씻겨내려가는 시간을 가졌다. 짐작이지만, 윗집이웃도 기분이 좋았을 것이라 생각이 든다.

　그 날 이후 필자의 마음이 바뀌었다. 집이 조용하면 필자의 마음이 윗집에 전해졌다는 생각이 들었다. 아파트는 바꾸지 않았기에 소음은 여전 하지만, 이웃과 나눈 미소를 생각하며 전혀 불만이 생기지 않았다.

운전을 하는 도중 펑크가 났습니다.

'엇 이거 왠지 좋은 일이 생길 거 같은데?'라는 한 마디의 말이 불안한 마음을 씻겨내려 버립니다.

오전에 서울강연이 있어서 기차시간이 촉박하였습니다.

그래서 타이어를 수리하지 못하고, 펑크가 난 채로 계속 달렸습니다.

'아하, 이거 분명 타이어를 교체해야겠구나. 이거 뭐 강사료보다 교체비용이 더 나오는 거 아니야.'라는 생각이 들었습니다.

그러면서도 불안한 마음은 접고, '오늘 분명 좋은 일이 생길 거야'라는 생각을 가졌습니다.

다행히 기차시간은 맞춰서 타고 강연시간을 맞춰서 잘

도착하였습니다. 오전강연을 잘 마치고, 다시 부산으로 와서 보험사에 연락했습니다. 다행히 타이어를 자세히 살펴보니 교체를 하지 않고 수리만 해도 괜찮은 상태였습니다. 보험서비스를 통해 타이어 수리를 하고 운전대를 다시 잡을 수 있었습니다.

안 좋은 일을 만났지만, '엇 이거 왠지 좋은 일이 생길 거 같은데?'라는 고백은 불안한 마음을 씻어주고 하루 동안 편안한 마음으로 가질 수 있게 해주었습니다. 실제로 불안한 일도 생기지 않았고, 이렇게 감사한 이야기를 나눌 수 있어서 더 기분이 좋습니다.

기성준 작가의 SNS 고백

이 세상 모든 사람들이 스트레스를 가지고 있을 것이다. 세상의 스트레스는 계속적으로 많아 질 것이다. 이것은 불평으로 전환되기도 하고, 보복으로도 전환되며, 누군가는 칼부림으로 전환되기도 한다.

뉴스는 매일 사건 사고의 소식들을 쏟아낸다.

어떤 기자에게 "왜 뉴스는 계속 충격적인 사건만 기사로 내느냐, 좋은 일을 한 것을 기사로 내지 않냐?"라는 질문을 했다고 한다. 그 질문에 기자는 "좋은 일은 사람들이 잘 보지도 않고, 기억하지도 않는다. 오히려 사람들은 충격적인 사건을 찾고 그것을 기억한다."라고 답했다고 한다. 어제의 사건보다 더 큰 사건들이 오늘 터지고, 아마도 오늘보다 더 큰 사건이 앞으로도 나올 것이다.

당신의 글을 통해 세상이 변할 수도 있다

이런 시대에 아름다운 꿈을 가져본다. 보복과 칼부림이 아닌 선한 사람들의 영향력을 꿈꿔본다. 그 일이 당신을 통해 일어나길 기대해본다.

당신의 글을 통해 악취가 향기로 바뀌고, 썩은 물은 깨끗한 물로 걸러지며, 불평불만은 감사로 바뀌고, 칼부림을 전하는 것이 아닌 아름다운 미소를 전하는 것이다.

당신은 어떤 글을 쓰고 있는가. 당신의 글을 통해 자신이 가지고 있는 스트레스를 없앨 뿐만 아니라 세상의 모든 불행을 걸러내고, 행복으로 바꾸는 아름다운 혁명이 일어나길 꿈꿔본다. 당신의 글을 통해 세상을 아름답게 바꾸는 기적과 같은 일들이 일어나길 꿈꿔본다. 이제 이 글을 읽고 칼부림이 아닌 세상을 아름답게 바꾸는 글부림의 혁명을 시작해보자.

10년이 지나도 가치 있는 글을 써라

작가가 되고 결혼 1주년을 맞이하였다. 아내를 위해서 결혼기념일을 맞아 거창한 이벤트를 계획하였다. 집필과 독서를 위해 새벽에 나가고, 저녁까지 강연 있는 날은 밤늦게 집에 들어오기 일상이고, 주말에는 아동센터에 봉사활동을 나가고, 모은 돈은 기부하는 남편이라 결혼기념일인 만큼 근사한 레스토랑에서 맛있는 식사와 함께 공연이나 영화를 보려고 했다. 그런데 아내가 '그건 오빠답지 않아……'라고 말하였다. 아내도 남편처럼 가치 있는 일을 하고 싶다는 것이다.

특별한 날의 의미 있는 일을 하고 싶다고 하여 한국백혈병어린이재단을 통해서 부산대학병원을 찾았다. 그리고 무균실에 있는 백혈병어린이들과 부모들을 위해서 필자의 책과 스테디셀러, 또 아내와 함께 쓴 편지를 담아 전달하였다. 선물비로 돈을 다 쓰고, 시장에 들러 떡볶이를 먹었다. 근사한 레스토랑의 스테이크는 아니었지만, 특별한 떡볶이가 되었다.

10년 뒤에도 나눌 수 있는 이야기는 과연 어떤 이야기일까?

근사한 레스토랑에서 먹은 스테이크는 1년이 지나면 나눌 가치가 없어질 것이라 생각이 든다. 물론 스테이크를 절대 안 먹는다는 것은 아니다. 허나, 백혈병아이들에게 선물을 나누어주고 시장에 들려 먹은 떡볶이는 10년이 지나도 나눌 가치 있는 이야기다.

필자는 인도여행을 다녀온 적이 있다. 여행을 준비하면서 여행으로 끝나지 않고, 어떻게 하면 의미 있는 여행이 될까라는 고민을 하였다. 인도여행을 함께하며 리딩플래너로 활동하는 안병조 강사가 주변사람들에게 펜을 구하기 시작하였다. 사람들이 안 쓰는 펜을 인도빈민가아이들에게 나누어주는 것을 기획한 것이다. 이 이야기를 전해 듣고, 집에 안 쓰는 펜을 주기 시작하였다. 그렇게 모인 펜이 무려 2,000자루나 되었다. 집에서 굴러다니는 2,000개의 쓸모없는 펜이 빈민가아이들에겐 소중한 펜으로 바뀌는 일이 일어났다. 쓰지 않는 펜도 가치를 담으면 의미 있는 일에 쓰일 수가 있다.

독서모임에 나온 회원 한 분이 서울초등임용 시험에 합격하였다. 그리고 한 학기 정도 대기발령을 받았다. 보통은 합격을 하고 나서 자신이 공부한 책들과 자료들을 팔기마련인데, 주변에 필요한 사람들에게 나누어 주고, 공부한 자료를 블로그에 공유하였다. 심지어 자료를 요청하면 사람들에게 메일로 보내기까지 하였다. 이 행동을 하면서도 처음에는 '이런 귀찮은 일을 내가 왜 하고 있지?, 이걸 팔면 적어도 20~30만원의 이득이 있을 것인데……'라는 생각이 들었다고 한다. 그러면서도 10년이 넘게 떨어졌는데, 자료를 너무나 감사히 받은 아기 엄마의 사연을 들으면서 뿌듯했다고 한다. 초등교사가 되었지만 꾸준히 글을 쓰고 언젠가 책을 내고 싶다는 이 분에게 필자는 엄청난 칭찬을 해주었다. 10년 뒤에 자신의 자료를 중고로 판 이야기는 아무런 가치가 없는 이야기이지만, 현재 수입이 없더라도 간절히 필요한 사람에게 나누어준 것은 10년 뒤에도 많은 사람들에게 감동을 전해줄 이야기가 될 것이다.

세상에는 수많은 책들이 넘쳐나고, 그 책들을 집필한 작가들이 넘쳐난다. 아무런 의미 없이 글을 쓰는 이들도 많다. 세상에는 별의 별 글들이 많다. 그 속에서 우리는 가치를 찾아야 한다. 자신의 글을 통해 자신만 만족하는 글이 아닌, 세상에 선한 영향력을 전하고 가치 있는 일을 전하는 글을 써야 한다. 그것이 수많은 책들과 글들 중에 빛나는 글이 될 것이다.

필자는 이 책에 10년이 지나도 나눌 수 있는 가치를 담으려고 했다. 앞으로 필자의 모든 글에는 10년이 지나도 빛날 가치를 담을 것이다. 그리고 그 가치를 독자들과 나누고 싶다. 우선 이 책을 통하여 필자와 함께하는 이들의 꿈을 담고 있다. 이들과 함께 꿈이

글쓰기부터 바꿔라

없는 사람들에게 꿈을 심어주고, 가난과 빈민으로 고통 받는 이들에게 희망을 전해주는 꿈을 담았다.

더 나아가 인도 빈민가에 천사의 도서관을 지을 예정이다. 1004권의 책을 기부하여 빈민가 아이들에게 희망을 전해주는 것이다. 그곳에 백혈병 아이들의 꿈을 가지고 갈 것이다. 빈민가 아이들에게 아픈 아이들도 꿈을 가지고 있으니, 가난 속에서도 꿈과 희망을 가지라고 할 것이다. 그리고 빈민가 아이들의 꿈을 가지고 와서 백혈병으로 아픈 아이들에게도 전할 것이다. 빈곤 속에서도 꿈을 가지고 살고 있으니, 아픔을 이겨내는 희망을 가지라고 전할 것이다.

> "이 세상에 하나뿐인 소중한 사람에게
> 우리가 존재하는 이유는 누군가에게 용기와 희망을
> 주기 위함이란다.
> 너는 기적의 주인공이야. 너의 기적을 응원할게."
>
> 기적작가 기성준

필자의 명함에도 들어가 있는 이 글은 백혈병 아이들에게 전해준 편지의 글이다. 이러한 글은 반드시 누군가의 희망이 되고 꿈이 된다. 10년이 지나도 가치 있는 일은 과연 무엇일까. 오직 자신만을 만족하는 글이나 자신만을 위한 글이 아니라 누군가를 위한 글이 특별한 글이 될 것이다. 이 글을 읽는 이들도 특별한 떡볶

이를 먹기를 권하며, 누군가에게 희망과 꿈을 전하는 특별한 글을
쓰기를 기대해 본다.

Sunday 키워드 '미래'

일요일은 미래를 상상하는 시간이다.
자신의 미래에 대해서 마음껏 상상하는 시간을 가져보라.

나의 삶을 인도하시고, 작가의 삶을 허락하신 주님께 감사를 드립니다. 그 분은 나의 펜을 주관하셨습니다. 또한 첫 책 〈독서법부터 바꿔라〉에 이어서 두 번째 책으로도 인연이 된 북씽크 강나루 대표님에게 감사를 드립니다. 출판사 덕분에 글쓰기 주제를 집필하게 되었습니다.

무엇보다도 아내에게 참 감사합니다. 마감일에 쫓겨서 스트레스를 받아 하는 남편을 사랑으로 정성스러운 내조 덕분에 〈글쓰기부터 바꿔라: 첫 키스의 설렘으로 써라〉를 완성할 수 있었습니다. 늘 아들을 적극적으로 응원해주는 부모님과 부족한 사위를 지지해주는 장인장모님에게 감사를 드립니다.

자기계발과 글쓰기의 멘토이신 김세광 교수님에게 감사드립니다. 미라클커뮤니티를 적극적으로 지원해주시는 이정훈 대표님께 감사를 드립니다. 미라클이야기를 만들어가며, 전 세계 빈민가에 도서관을 짓는 프로젝트를 진행하는 안병조 드림플래너와 진가록 리딩플래너, 이민지 도란대표, 강은주 교사에게 감사드립니다. 앞으로 이들이 이 책을 통해 작가가 되고, 더 많은 사람들에게 선한 영향력이 전해지는 일을 기대해 봅니다. 나를 멘토로 삼고 있는 지혜와 진형이, 그리고 2년 이상을 함께 해온 미라클커뮤니티 식구들에게 감사를 전합니다. 리딩플랜과 미라클G리딩, 모닝독서팀, 인문고전읽기와 아동센터봉사팀, 습작의 학교와 행복한 글쓰기학교 멤버들 모두 함께 해 주셔서 감사합니다. 작가의 삶으로 이끌어준 베스트셀러 작가님들과 항상 응원과 도전의 메시지를 전달해주는 차예경 의원님, 황미옥 누님에게 감사를 드립니다.

글쓰기와 함께 통일활동을 응원해주는 정순누님, 통일원정대 식구들에게 감사를 드립니다. 또 장대현식구들과 임창호 교수님께 감사드리며, 통일부와 통일교육원직원들, 통일교육강사들, 탈북강사들에게도 감사를 드립니다.

이 지면을 통해 지금도 병으로 고생하고 있는 백혈병어린이들에게 희망을 전합니다. "우리는 분명히 누군가에게 용기와 희망을 주기 위해서 태어났습니다. 기적을 응원합니다."라고 전하고 싶습니다. 필자는 갑상선 암을 발견하여 수술을 하였지만, 21살 성인이 되어서 걸린 병이라 충분히 이겨낼 수 있었습니다. 그런데 어린 친구들이 고통스러운 병에 걸린 것을 보면서 가슴이 참 아팠습니다. 앞으로 그들을 위해서 희망이 되어주고 싶습니다.

또 세계빈민가에 도서관을 짓는 꿈을 가진 병조와 함께 인도빈민가에 천사의 도서관을 지을 예정입니다. 빈민가에 도서관만 짓고 끝나는 것이 아니라, 백혈병어린이들의 꿈을 가지고 인도 빈민가 아이들에게 희망을 전할 것입니다.

인도 빈민가 아이들에게 이렇게 전할 것입니다. "대한민국이라는 나라에서 백혈병이라는 고통스러운 병을 가진 아이들도 꿈과 희망을 잃지 않고 살아가고 있단다. 가난하고 빈곤하더라도 꿈을 가지고 희망을 가지렴."

백혈병아이들도 자신의 병을 이겨낼 수 있을 뿐만 아니라, 자신도 누군가에게 희망이 될 수 있다는 이야기를 전하고 싶습니다.

그리고 빈민가 아이들의 꿈을 가지고 백혈병아이들에게 올 것입니다.

"빈민가에 아이들은 가난해서 신발도 없고, 책도 없고, 심지어 아프면 병원도 못가지만, 그럼에도 꿈과 희망을 가지고 살고 있단다. 희망을 가지고 아픈 병을 이겨내고 꿈을 이루어보자. 그들에게 희망이 되자."

꿈을 연결하는 허브와 같은 일을 통해 아픈 이들과 가난한 이들이 희망을 품고 아픔과 가난을 이겨내어 꿈을 이루는 기적을 만들어 내고 싶습니다. 앞으로도 이런 희망의 글들을 쓰고 싶습니다.

저의 삶에 감사의 제목이 더욱 더 많아지길 기대합니다. 그 속

글쓰기부터 바꿔라

에 책을 읽은 독자들이 포함되길 바라며, 글쓰기를 통해 기적과 같은 삶을 응원합니다.

작가와 독자로 인연이 되어…

〈독서법부터 바꿔라〉를 통해서 인연이 된 분이 있다. 블로그 '꿈꾸는독서가'로 활동하는 분이시다. 사회생활을 오래하셨고 어느 정도 나이가 있으심에도 불구하고, 풋내기인 30대 초반 작가에게 지극 정성스럽게 대우해주신다.

서울에 강연이 있을 때마다 이 분에게 연락한다. 작가와 독자로 만났지만, 필자의 정신적 지주가 되어주고 존경스러운 분이시다.

책 속에서도 밝혔지만, 이 분이 첫 책 〈독서법부터 바꿔라〉를 읽고 감동의 메일과 함께 오타(?)를 잡아주셨다.

첫 메일을 통해서 니체의 철학을 통한 긍정적인 삶, 다산 정약용의 가르침을 통한 나라와 민족을 사랑하는 이야기를 한참 주고받은 기억이 난다. 이런 귀한 인연이 필자의 두 번째 책 〈글쓰기부터 바꿔라: 첫 키스의 설렘으로 써라〉도 함께 해주셨다.

독서모임을 통해 도전받아 자신의 집에 영어도서관을 차리시고 리딩리더도서관과 리딩리더아카데미를 운영하는 박소윤 원장님에게 감사를 드린다. 필자의 삶을 통해 누군가가 삶에 선한 영향력을 전달받았다는 것이 큰 힘이 된다.

대문호 작가들과 유명 작가들 대부분 혼자서 성공을 이룬 사람들이 많다. 그들은 혼자 성공을 하여 혼자 성공의 업적을 남긴 분들이 많지만, 필자는 그들과 같이 그렇게 대단한 사람이 아니다. 그래서 필자의 능력으로 결코 혼자 성공 할 수 없다고 생각이 든다. 더 중요한 것은 혼자서 성공하고 싶지는 않다.

두 번째 책인 〈글쓰기부터 바꿔라: 첫 키스의 설렘으로 써라〉는 필자 혼자만이 쓴 책이 아니다. 필자와 호흡을 함께한 미라클커뮤니티의 멤버들이 있었기에 탄생할 수 있었다. 또 집필활동과 강연활동, 블로그활동 등 여러 경로를 통해 인연이 된 사람들과 함께하였기에 탄생할 수 있었다.

이 글을 통해서 남기지만, 앞으로도 혼자 성공하지는 않을 것이다. 성공이 더디더라도, 필자를 응원해주는 이들과 함께 성공할 것이다.

"나는 읽었다. 책을 분별하는 능력이 없기에……
그래서 남들보다 더 많이 읽었다. 그러다 작가가 되었다."

기성준 작가

독서를 무시하지마라.

책 한 권 출간하고 조용히 사라지는 사람들이 많다. 그들은 공통적
으로 책을 많이 읽지 않은 사람들이다. 반대로 다작을 하는 작가들
은 다독을 하는 사람들이다. 앞으로 글을 쓰는 사람이 될 것이기에
계속해서 책을 읽을 것이다.

다작을 결심하기 전에 나는 책을 읽지 않으면 머릿속에 먹구름
이 생겨난다. 독서를 하면, 마치 책이 빗자루가 되어 먹구름을 제
거해 준다. 또 책을 읽지 않으면 뇌에 때가 끼는 것 같다. 독서는
뇌 속의 때를 밀어주는 것과 같은 시원함을 체험한다.

안타깝게도 작가가 되어 머릿속에 먹구름과 때가 많이 쌓여가
고 있다. 강연과 집필 활동에 바쁜 생활을 살고 있기 때문이다. 한

주간 쌓인 먹구름과 때를 주말이 되어서야 10권을 읽으며 제거하고 있다. 그럼에도 집필을 하면서 좋은 작품을 위해서 독서를 해야 하는 것을 깨닫는다. 독자들을 위해서라도 더 많은 책을 읽어야 한다는 생각을 가진다. 어떻게 하면 독자들에게 이 주제를 독파하여 엑기스와 같은 글을 담아 전할 수 있을까에 대해서 고민한다.

책을 찾는 나만의 비결은 우선 인터넷 대형서점 3군데 모두를 이용한다. 각각의 서점들이 소개하는 책들이 다르기 때문이다. 일반 서점 역시도 업체마다 소개하는 책들이 다르며, 도서관 역시도 지역마다 소개하는 책들이 다르다. 서점이든, 도서관이든 사서들의 성향과 찾는 이들의 성향에 따라서 대표적인 책들이 다르기 때문이다.

인터넷으로 검색과 여러 지역을 다니며 탐색을 통해 만나게 된 책들을 소개한다. 물론, 글쓰기에 관한 책은 여기 소개하는 책 말고도 당연히 많다. 탈고를 하면서 더 많은 책들을 읽지 못했다는 것이 후회스럽다. 그러나 필자가 집필한 책을 통해 도전받은 이가 더 많은 책을 읽는다면, 그것보다 더 큰 위로가 없을 것이다.

글쓰기부터 바꿔라

- 김병완 〈김병완의 책쓰기 혁명〉 아템포
- 나탈리 골드버그 〈뼛속까지 내려가 써라〉 한문화
- 다이애나 홍 〈세종처럼 읽고 다산처럼 써라〉 유아이북스
- 도러시아 브랜디 〈작가 수업〉 공존
- 로버타 진 브라이언트 〈누구나 글을 잘 쓸 수 있다〉 예담
- 로제마리 마이어 델 올리보 〈나를 일깨우는 글쓰기〉 시아
- 리사크론 〈끌리는 이야기는 어떻게 쓰는가〉 웅진지식하우스
- 마쓰오카 세이고 〈지의 편집공학〉 넥서스
- 메러디스 매런 〈잘쓰려고 하지 마라〉 생각의길
- 바버라 베이그 〈하버드 글쓰기 강의〉 에쎄
- 박성후 〈글쓰기 고수들의 비밀을 훔쳐라〉 오딧세이
- 박영만 〈세계명작 다이제스트〉 프리윌
- 송숙희 〈읽고 생각하고 쓰다〉 교보문고
- 스티븐 킹 〈유혹하는 글쓰기〉 김영사
- 앤라모트 〈글쓰기 수업〉 웅진윙스
- 에드 캣멀 〈창의성을 지휘하라〉미래엔
- 오르한 파묵외 노벨문학상 수상 작가 10인 〈아버지의 가방〉 문학동네
- 유세환 〈결론부터 써라〉 미래의 창
- 은유 〈글쓰기의 최전선〉 메멘토
- 이은대 〈내가 글을 쓰는 이유〉 슬로래빗
- 정민 〈다산선생 지식경영법〉 김영사
- 정희모 〈글쓰기의 전략〉 들녘
- 조영석 〈이젠, 책쓰기다〉 라온북
- 존 R 트림블 〈살아있는 글쓰기〉 이다미디어
- 주디 리브스 〈365 작가연습〉 스토리유
- 트리나 폴러스 〈꽃들에게 희망을〉 시공주니어
- 프레드 화이트 〈글쓰기의 모든 것〉 북씽크
- 프리드리히 니체 〈차라투스트라는 이렇게 말했다〉 펭귄클래식
- 피터엘보 〈힘있는 글쓰기〉 토트

미라클마인드
기　록　지

미라클마인드 기록지

2016년

번호	날짜	미라클마인드	별점
1	10. 4	좋은 책을 읽을 때면 나는 3천년도 더 사는 것 같이 생각된다. – 에머슨 독서는 지혜의 나이테를 자라게 한다. –기성준 작가	★★★★★
2	10. 5	일단 가리지 않고 끌리는대로 다독을 하다보면, 양서와 악서를 구분하는 눈도 기를 수 있다. – 강은주 나는 읽었다. 책을 분별하는 능력이 없기에… 그래서 남들보다 더 많이 읽었다. 그러다 작가가 되었다. – 기성준 작가	★★★★☆
3	10. 6	나쁜 독서는 나쁜 교제보다도 더 위험하다. – K. 힐티 '나'뿐인 독서는 결코 성장하지 못한다. – 기성준 작가	★★★★★
4	10. 7	누구도 해낸 적이 없는 성취란, 누구도 시도한 적이 없는 방법을 통해서만 가능하다. – 프랜시스 베이컨 누구나 하는 것이라면 결단코 하지 않을 것이다. 다른 사람이 가지 않는 길을 향한 걸음이 위대함의 시작이다. – 기성준 작가	★★★☆☆
5	10. 8	목표가 있어도 꾸물거리면 아무것도 얻을 수 없다. 목표가 있으면 착수해야 원하는 어떤 것이든 가질 수 있는 법이다. – 토머스 J. 빌로드 '우물쭈물하다가 내 이럴 줄 알았지' 시인의 묘비명처럼 되지 않으려면 움직여라. 행동하라. 도전하라. 반드시 원하는 것을 얻을 것이다. –기성준 작가	★★★★★

번호	날짜	미라클마인드	별점
			☆☆☆☆☆
			☆☆☆☆☆
			☆☆☆☆☆
			☆☆☆☆☆
			☆☆☆☆☆

번호	날짜	미라클마인드	별점
			☆☆☆☆☆
			☆☆☆☆☆
			☆☆☆☆☆
			☆☆☆☆☆
			☆☆☆☆☆

번호	날짜	미라클마인드	별점

번호	날짜	미라클마인드	별점
			☆☆☆☆☆
			☆☆☆☆☆
			☆☆☆☆☆
			☆☆☆☆☆
			☆☆☆☆☆

번호	날짜	미라클마인드	별점

글쓰기부터 바꿔라

첫 키스의 설렘으로 써라

1판 1쇄 발행 | 2016년 7월 10일
지은이 | 기성준
펴낸곳 | 북씽크
펴낸이 | 강나루
주소 | 서울시 성동구 행당동 192-29 성동샤르망 1019호
전화 | 070 7808 5465
등록번호 | 제 206-86-53244
ISBN 978-89-97827-83-1 13100
copyright©2016 기성준

잘못 만들어진 책은 구입처에서 교환해 드립니다.